LA ÉTICA

PAIDÓS

Adela Cortina, *¿Para qué sirve realmente la ética?*
Vicente Varó, *¿Para qué sirven realmente los mercados financieros?*

¿PARA QUÉ SIRVE realmente...?
LA ÉTICA

Adela Cortina

PAIDÓS
Barcelona
Buenos Aires
México

Cubierta de Idee

1ª edición, mayo 2013
14ª impresión, julio 2025

La lectura abre horizontes, iguala oportunidades y construye una sociedad mejor. La propiedad intelectual es clave en la creación de contenidos culturales porque sostiene el ecosistema de quienes escriben y de nuestras librerías. Al comprar este libro estarás contribuyendo a mantener dicho ecosistema vivo y en crecimiento. En Grupo Planeta agradecemos que nos ayudes a apoyar así la autonomía creativa de autoras y autores para que puedan seguir desempeñando su labor. Dirígete a CEDRO (Centro Español de Derechos Reprográficos) si necesitas fotocopiar o escanear algún fragmento de esta obra. Puedes contactar con CEDRO a través de la web www.conlicencia.com o por teléfono en el 91 702 19 70 / 93 272 04 47. Queda expresamente prohibida la utilización o reproducción de este libro o de cualquiera de sus partes con el propósito de entrenar o alimentar sistemas o tecnologías de inteligencia artificial

© 2013 Adela Cortina Orts
© 2013 de todas las ediciones en castellano
  Editorial Planeta, S. A.,
  Avda. Diagonal, 662-664. 08034 Barcelona, España
  Paidós es un sello editorial de Editorial Planeta, S. A.
  www.paidos.com
  www.planetadelibros.com

ISBN: 978-84-493-2877-0
Depósito legal: B. 7.666-2013

El papel de este libro procede de bosques gestionados de forma sostenible y de fuentes controladas

Impreso en España – *Printed in Spain*

Sumario

Introducción: ¿Para qué sirve la ética? 11

1. Abaratar costes y crear riqueza. 13
    1. Un mundo más barato en dinero y en sufrimiento . . . 13
    2. La Cúpula de Hierro 15
    3. ¿Recortar gastos empezando por lo más sencillo?. 17
    4. Algo ha tenido que ver con la crisis la falta de ética . . . 19
    5. Una lección de deterioro moral 21
    6. Invertir en lo que vale la pena: saber priorizar 24

2. Labrarse un buen carácter 29
    1. Un diálogo en clase 29
    2. El juego de la ética 32
    3. Artesanos de la propia vida. 34
    4. ¿Es posible forjarse el carácter?. 36
    5. La maldición del cortoplacismo 43
    6. Ética, no cosmética 44

3. **Querer cuidar**... 49
   1. Cuidar de sí mismo, cuidar de otros 49
   2. Cierto día Cuidado encontró un trozo de barro...... 55
   3. Cosa de mujeres y de varones..................... 58
   4. Los animales y la Tierra tienen valor, pero no derechos. 60
   5. La sabiduría de la madre naturaleza................ 65
   6. Crear un nuevo vecindario 70

4. **Transitar del egoísmo estúpido a la cooperación inteligente**.. 75
   1. Es suicida granjearse enemigos................... 75
   2. Los chimpancés son maximizadores racionales 77
   3. La ayuda mutua: preparados para cooperar 80
   4. El castigo guarda la viña 86
   5. ¿Y qué ocurre con los que parecen no tener nada que ofrecer a cambio? 92

5. **Conquistar solidariamente la libertad** 97
   1. Mil soles espléndidos............................ 97
   2. Cultivar el propio huerto y ayudar a cultivar los ajenos 99
   3. ¿Es más feliz quien decide sobre su vida?............ 103
   4. Participar, ¿para qué? 106
   5. El sueño de una sociedad sin humillación........... 110

6. **Reconocer y estimar lo que vale por sí mismo** 115
   1. Frankenstein, el Prometeo moderno 115
   2. Un número en la puerta de la casa 118

    3. La tradición del reconocimiento 119
    4. Dignidad y compasión 121
    5. El reconocimiento cordial 125

7. **Ser profesionales, no sólo técnicos** 129
    1. Calidad educativa: ciudadanos justos, buenos profesionales 129
    2. El protagonismo de la sociedad civil 132
    3. Ética de la responsabilidad 133
    4. Una partida de ajedrez 135
    5. Universalizar la excelencia 139

8. **Construir una democracia auténtica.** 143
    1. ¿Justa indignación? 143
    2. Democracia representativa: ¿el círculo cuadrado? 146
    3. La competición por los votos 148
    4. Tres modelos de democracia 151
    5. La democracia del pueblo 155

9. **Conjugar justicia y felicidad.** 161
    1. Dos horizontes de la ética 161
    2. El fin de la vida humana 164
    3. El ábaco del bienestar 168
    4. Consumo y valores economicistas 170
    5. El florecimiento humano 175

Introducción

¿PARA QUÉ SIRVE LA ÉTICA?

A la ética le ocurre lo que a la estatura, al peso o al color, que no se puede vivir sin ellos. Todos los seres humanos son más o menos altos o bajos, todos son morenos, rubios o pelirrojos, todos pesan más o menos, pero ninguno carece de estatura, volumen o color. Igual sucede con la ética, que una persona puede ser más moral o menos según determinados códigos, pero todas tienen alguna estatura moral. Es lo que algunos filósofos han querido decir al afirmar que no hay seres humanos amorales, situados más allá del bien y del mal, sino que somos inexorablemente, constitutivamente, morales.

Lo inteligente es entonces intentar sacar el mejor partido posible a ese modo de ser nuestro, del que no podríamos desprendernos aunque quisiéramos. Como es inteligente tratar de aprovechar al máximo nuestra razón y nuestras emociones, la memoria y la imaginación, facultades todas de las que no podemos deshacernos sin dejar de ser humanos. Igual le ocurre a nuestra capacidad moral, que podemos apostar por hacerla fecunda, por sacarle un buen rendimiento, o podemos dejarla como un terreno inculto, con el riesgo de que algún avisado lo desvirtúe construyendo en él una urbanización.

De esto quiere tratar este libro, de cómo sacar partido de nuestro irrenunciable ser morales.

1

ABARATAR COSTES Y CREAR RIQUEZA

1. Un mundo más barato en dinero y en sufrimiento

Todos los jueves del año a mediodía se reúne en la Puerta de los Apóstoles de la Catedral de Valencia el Tribunal de las Aguas desde tiempo inmemorial. Su tarea consiste en resolver los conflictos que surgen en el campo por el uso del agua de ocho acequias que la toman del río Turia, un uso que está debidamente organizado. Los litigantes acuden al tribunal y el presidente, rodeado por los síndicos de las ocho acequias, ataviados con su blusón negro, dirige el juego de las denuncias y las réplicas con las sencillas palabras «parle vosté» y «calle vosté». También la sentencia es oral y no se recoge por escrito, porque no hay nada escrito en este ir y venir, sino sólo un valor en el que todos confían, la palabra dada.

Este sencillo proceder ha llamado la atención de propios y extraños porque se trata de proteger un bien común, el agua, de modo que todos los agricultores puedan sacar beneficio y ninguno arrebate a los demás la posibilidad de usarla. Los gastos de transacción, en asunto tan delicado, no pueden ser más bajos, porque se reducen al intercambio verbal de síndicos y afectado. Es sencillamente la confianza la que lo hace todo tan barato. La ética abarata costes. Si fuera posible un mundo en que contara como moneda corriente la confianza en las familias, las escuelas, las organizaciones y las instituciones, la vida sería infinitamente más barata. Y no sólo en dinero, que es lo que parece interesar a tirios y troyanos, sino también y sobre todo en muertes prematuras, en vidas destrozadas, en conflictos, en eternos procesos judiciales de final incierto, en venganzas, rencores, en papeleos odiosos y en ese coste que varía más o menos, pero que suelen acabar pagando los peor situados.

Ojalá la confianza pudiera ser la base de nuestras relaciones, el mundo sería infinitamente más barato en sufrimiento y también en dinero. Recortar en atención sanitaria o en pensiones sería un despropósito, como ya lo es, pero además ni siquiera haría falta el dinero que se despilfarra un día tras otro en gestionar las relaciones cuando reina la desconfianza.

Claro que todo esto suena a utopía, a cuentos que se inventan los profesores de ética para seguir cobrando su nómina. Como le ocurría a un compañero mío cuando yo era profesora de bachillerato, que lo suyo era el griego y ni las alumnas ni los padres entendían para qué servía eso del griego, y él les contestaba desesperado, sin encontrar más argumentos con que convencerles: a vosotras para aprobar, y a mí para comer.

Pero no era verdad, claro, porque era funcionario en aquellos finales de los setenta y hubiera seguido comiendo aunque eliminaran el griego. Como tampoco es verdad que un mundo basado en la confianza sea un cuento de moralistas estúpidos, sino una posibilidad abierta que deberíamos explotar, entre otras muchas cosas, para que nuestro mundo sea más económico en dolor evitable y también en dinero.

Esto es lo que, con éstas u otras palabras parecidas, veníamos diciendo los que asegurábamos desde hace algún tiempo que la ética es rentable, y la verdad es que los hechos siguen dándonos la razón día a día. Ojalá hubiéramos tomado la ética en serio, porque nos hubiéramos ahorrado una ingente cantidad de amargura y de dolor humano, que es lo importante, y también una ingente cantidad de dinero, que es de lo que hoy todos hablan. Para muestra, un botón de entre una infinidad extensible a todos los tiempos y lugares.

2. La Cúpula de Hierro

Según las informaciones de la prensa, en la contienda entre palestinos e israelíes, los israelíes han puesto en funcionamiento un escudo antimisiles, capaz de interceptar hasta un 85 % de los cohetes palestinos lanzados desde Gaza. Eso les da una ventaja enorme en lo que se refiere a protección, qué duda cabe, pero al parecer tiene un gran problema, y es el del coste. Ha costado unos 796,4 millones de euros y parece que será necesario invertir otro tanto para su funcionamiento, amén de que cada cartucho cuesta unos 39.000 euros. Los críticos de esta Cúpula de Hierro dicen que su punto más débil es la financiación, porque, obviamente, lo que se gasta en ella se deja de invertir en hospitales, escuelas o viviendas sociales. El coste de oportunidad es tremendo, pero la población da por bueno ese gasto, porque les sirve de protección frente a los ataques palestinos, y acaba pareciéndoles a fin de cuentas el mal menor.

La Cúpula de Hierro es una gota en el océano inabarcable de esos gastos en industria bélica, increíblemente elevados, que detraen para la defensa o la muerte lo que podría emplearse en educación, en atención a las enfermedades, en empoderar a las gentes para que puedan organizarse una vida feliz. A esa gota se unen las ventanas protegidas por rejas, las puertas blindadas, los guardias de seguridad de domicilios y comercios, las redadas de la policía en barrios inseguros.

La Asociación Nacional del Rifle, por poner un ejemplo bien conocido, tiene una fuerza incuestionable en Estados Unidos. Fundada en 1871 cuenta al menos con cuatro millones de socios, y sus dirigentes aseguran que es la organización por los derechos civiles más antigua del país. La razón de su éxito, además de la notoriedad de algunos de sus componentes como Charlton Heston, es ante todo el afán de seguridad: en un país en que las gentes viven a menudo en casas aisladas en el campo o en barrios peligrosos los ciudadanos compran armas para defenderse frente a posibles delincuentes. Ése es un coste económico al que hay que sumar el más importante, el de las matanzas que ya vienen siendo habituales, cuando algún perturbado decide entrar en una escuela y liquidar a niños y maestros.

Un episodio que volvió a repetirse el 14 de diciembre de 2012 en una guardería de Newtown, cuando un muchacho de veinte años asesinó a veintisiete personas, veinte de ellas niños de seis y siete años. El lunes siguiente los títulos del fabricante de armas Smith & Wesson Holding cayeron un 5% y se abrió de nuevo un debate sobre el tema, como en los sucesos de Columbine. Pero las asociaciones partidarias de la tenencia de armas sugirieron rápidamente que la solución consistía en vender todavía más armas: cada escuela debería contar con un vigilante armado. Cuando realmente la solución consiste en cambiar la actitud.

Naturalmente, cuando estas salvajadas se producen en países del mundo rico son noticia diaria, aunque de ahí no pase y no parezca que nadie esté muy empeñado en poner solución. Pero en el mundo pobre, aunque no sea noticia, tener diamantes, caucho, coltán o marfil les ha costado y cuesta mucha sangre. Y todo esto en «tiempo de paz», qué decir del tiempo de guerra.

Es verdad que las soluciones han de venir de los organismos públicos, nacionales y supranacionales, pero sólo en parte. Si las gentes no tomamos nota de lo cara que sale la falta de ética, en dinero y en dolor, si no nos negamos decididamente a pagar ese astronómico precio, el coste de la inmoralidad seguirá siendo imparable. Y aunque suene a tópico, seguirán pagándolo sobre todo los más débiles.

Teniendo en cuenta que llamar «tópico» a una frase no es quitarle importancia, sino todo lo contrario, es dársela en grado superlativo, porque se ha convertido en un *tópos*, en un lugar tan corriente que es ya para nosotros un punto de referencia. Por desgracia, que los débiles acaban pagando la mayor parte de las deudas de la humanidad es ya un tópico, totalmente verdadero, que saldrá a menudo en este libro, precisamente porque si pagan los más débiles es por falta de ética. Para eso, entre otras cosas, sirve la ética, para cambiar las tornas y tratar de potenciar las actitudes que hagan posible un mundo distinto.

3. ¿Recortar gastos empezando por lo más sencillo?

A finales de 2011, cuando la crisis financiera y económica que seguimos padeciendo venía siendo tan evidente desde hacía años que ya nadie se atrevía a negarla, un amigo economista me dijo para mi sorpresa que en este caso «todos sabemos lo que hay que hacer». Se me abrió el corazón, por fin me iba a enterar de lo que hay que hacer para acabar con el desempleo, el hambre, la pobreza, el éxodo de los jóvenes, el abandono de los dependientes, los recortes en sanidad y en cooperación al desarrollo, el cambio de modelo sanitario y ese rosario de desgracias que conocemos. Por fin iba a saber por dónde se empieza a componer un Estado de Justicia, al menos en España y en Europa, para poder extenderlo universalmente. No para volver a lo que teníamos, que nos ha llevado donde estamos, sino a una sociedad justa con formas de vida inteligentes.

«¿Qué hay que hacer?», pregunté con un enorme interés. Pero la respuesta no pudo ser más decepcionante: «hay que reducir las pensiones». ¿De verdad?, ¿era eso? Como es obvio, repliqué: «¿es por ahí por donde hay que empezar?, ¿no sería mejor que devolvieran el dinero los corruptos que se lo han quedado, que pagaran los que han gestionado los recursos públicos de una forma pésima, que se acabe con los paraísos fiscales, se fije una tasa para las transacciones financieras y la economía especulativa decrezca a favor de la economía real?». En este caso la respuesta me abrió todo un mundo: «sí claro, todo eso está muy bien, pero empezar por reducir las pensiones es lo más sencillo».

Tantas facultades de economía, tantos políticos por metro cuadrado para que ésta sea la piedra filosofal, que lo más sencillo es empezar por los que están más controlados. Aunque los pensionistas no sean los responsables de las crisis, ni tampoco las gentes que viven en situación de dependencia, o los países que reciben la ayuda a la cooperación, ni esa cantidad de personas que se quedaron sin trabajo sin comerlo ni beberlo, ni los que además de eso habían asumido hipotecas imposibles ya de amortizar porque alguien les invitó a hacerlo, ni los empresarios que aun habiendo hecho sus deberes tuvieron que cerrar la empresa porque ni recibían ayuda de los bancos ni les pagaba la Administración. No eran responsables, pero alguien tenía que pagar y les tocó la papeleta a ellos.

4. Algo ha tenido que ver con la crisis la falta de ética

Insiste un buen número de economistas en afirmar que la ausencia de algunos valores éticos no ha tenido influencia en las crisis que venimos padeciendo y que tiene angustiados a países como el nuestro. Según ellos, las crisis se han sucedido a lo largo de la historia y habría que suponer entonces que los vicios que las causan son consustanciales a la naturaleza humana.

A los economistas neoliberales, y no sólo a ellos, les gusta creer que de los vicios privados a veces surgen buenos resultados para la vida económica y de las virtudes privadas a veces surgen malos resultados. Por eso prefieren atenerse al viejo dicho «lo que no son cuentas son cuentos» y asegurar que la economía sigue su curso sin que le perjudiquen la codicia o la insolidaridad, que quedarían para la vida privada.

Pero resulta ser que los valores morales son efectivos en la vida pública, que importa distinguir, como hacía Ortega y Gasset, entre estar altos de moral o desmoralizados como dos actitudes que posibilitan o impiden —respectivamente— que las personas y los pueblos lleven adelante su vida con bien. Porque una persona o un pueblo desmoralizados no están en su propio quicio y vital eficacia, no están en posesión de sí mismos y por eso no viven sus vidas, sino que se las hacen otros, no crean, ni fecundan, ni son capaces de proyectar su futuro.[1]

Y a la desmoralización hemos llegado no sólo por lo mal que se han hecho las cuentas, sino también porque se han disfrazado con cuentos perversos, como el de la contabilidad creativa, como el de los controladores que no sacaron a la luz los fallos en lo que supuestamente controlaban, como las mentiras públicas sobre lo que estaba pasando, como el empeño en que asumieran hipotecas quienes difícilmente podrían pagarlas, como la constante opacidad y falta de transparencia, como la ausencia de explicaciones veraces de lo que estaba ocurriendo.

Es verdad, entre otras cosas, que la financiarización de la economía nos ha sumergido en un mundo de incertidumbres desmesuradas y opacidades hasta en el lenguaje, en el que se habla de titulizaciones, bancos buenos y malos, cuentas creativas, acciones preferentes, primas de riesgo, calificaciones de agencias de *rating* y de esos omnipotentes mercados, que nadie sabe quiénes son ni qué se proponen, pero al parecer nada bueno para la gente corriente y moliente. Pero no es menos cierto que en ese mundo había personas con nombres y apellidos que tomaron malas decisiones, de las que resultó daño para todos.

Y es en ese mundo, incomprensible para los ciudadanos de a pie, en el que cayó la gota que desbordó el vaso de la catástrofe, con las célebres «subprime» y la huida hacia delante que tan bien cuenta la película *Margin call*. Como bien decía recientemente el economista Jeffrey Sachs, «de poco sirve tener una sociedad con leyes, elecciones y mercados si los ricos y poderosos no se comportan con respeto, honestidad y compasión hacia el resto de la sociedad y hacia el mundo».[2] Y tenía razón, los personajes como John Tuld, el consejero delegado de la empresa, extraordinariamente representado por Jeremy Irons en *Margin call*, padecen una profunda ceguera compasiva, carecen de compasión hacia el resto de la sociedad y hacia el mundo, sólo buscan salvar su pellejo y medrar.

Un mundo sin compasión no es habitable para los seres humanos.

Es verdad que las *subprime* fueron sólo la gota, porque el vaso ya estaba lleno hasta los bordes. En el caso de España, a las malas prácticas financieras, a la falta de control de esas prácticas, a la corrupción política se unieron problemas como el de la construcción y, en el fondo de todo ello, malas costumbres, empecinadamente arraigadas.

Ciertamente, las crisis no proceden sólo de las malas prácticas, qué duda cabe, parte del mundo económico es incontrolable, pero también es verdad que otra parte está en nuestras manos, en las de los seres humanos; sobre todo, y muy especialmente, en las manos de los que ostentan un mayor poder. No es de recibo afirmar que todos somos responsables, ni que todos hemos vivido por encima de nuestras posibilidades. Eso es rotundamente falso. Lo que sí es verdad es que mucho de lo que ha pasado podría haberse evitado si personas con nombres y apellidos, entidades y organizaciones con un nombre registrado hubieran actuado siguiendo las normas éticas que les corresponden, explícitas o implícitas.

La ética sirve, entre otras cosas, para recordar que es una obligación ahorrar sufrimiento y gasto haciendo bien lo que sí está en nuestras manos, como también invertir en lo que vale la pena.

5. Una lección de deterioro moral

Ya a comienzos de este siglo, cuando el escándalo Enron hizo sonar todas las alarmas, en Estados Unidos los profesores de ética de la empresa se convirtieron en invitados habituales de las cadenas de televisión. Los entrevistadores les preguntaban qué había pasado, cómo se había podido llegar a semejante hipocresía. En una empresa tenida por modélica se descubre de la noche a la mañana que todo era puro maquillaje y que está en la bancarrota, ¿cómo es eso posible?

Por desgracia, como hemos ido aprendiendo a lo largo de la historia, de esta tela tenemos infinidad de trajes, que en ocasiones se cortan adrede y en otras no. De los trajes que no se cortan adrede quisiera contar una historia que tal vez sea expresiva del patrón al que se acaba recurriendo en estos casos, un patrón que conviene echar a la basura. Es el relato de cómo un buen banco se puede convertir en uno malo, sin proponérselo.

Fue Aristóbulo de Juan, antiguo Gobernador del Banco de España, quien contó la historia en una sesión del seminario anual de la Fundación ÉTNOR allá por octubre de 2011.[3]

Supongamos que estamos ante un banco sano, pero un buen día, como puede pasar a todos, se empiezan a cometer errores técnicos, sea por incompetencia, por incapacidad de adaptarse al cambio o por cualesquiera otras razones. Hasta aquí no hay ningún problema moral, le puede suceder a cualquiera sin buscarlo. Pero ocurre que el balance se desequilibra con un fuerte endeudamiento y apalancamiento, el activo se concentra en sectores que no aseguran la devolución. Ante la falta de liquidez se eleva la remuneración de los recursos, lo cual realimenta el deterioro de los resultados. La situación todavía tiene remedio. ¿Cuál?

La respuesta de Aristóbulo de Juan fue contundente: los accionistas o la Alta Dirección tienen que transparentar la situación, inyectar capital, cambiar a los malos gestores y dejar claro ante el mercado que se están corrigiendo los fallos. Porque cuando se desvela la verdad y se intenta reparar los errores se crea confianza.

Cualquier entidad que reconoce haber cometido errores, muestra su disposición a subsanarlos y lo hace abiertamente, genera confianza.

La confianza, decíamos antes, abarata costes en dinero, en energías y en sufrimiento. Jugando a la transparencia y la confianza nos hubiéramos ahorrado mucho dolor.

Pero cuando el banquero en vez de apostar por la transparencia trata de ganar tiempo, entonces los gestores inauguran la etapa del maquillaje. Y ocurre en muchos casos que ni los auditores ni los supervisores corrigen ese maquillaje. Cuando lo bien cierto es que el gestor es responsable ante los accionistas, el auditor es responsable ante los accionistas y ante el mercado, y el supervisor es responsable de la transparencia y estabilidad del sistema financiero ante la sociedad. Con todo ello hemos ido entrando claramente en el terreno de la ética, no ya en el de los errores técnicos. A continuación vienen en ocasiones la huida hacia delante e incluso las prácticas fraudulentas, y ya no queda sino cerrar la entidad o salvarla. Las dos opciones plantean, claro está, nuevos problemas éticos, que tienen que ver con el bienestar y el bienser de las personas.

Episodios como éste han sido frecuentes en nuestro entorno provocando una desconfianza generalizada que va a ser muy difícil de contrarrestar. Cuando justamente la confianza es el principal «recurso moral» de una sociedad, no digamos ya del mundo empresarial y del sistema bancario, incluidos los auditores y los controladores.[4]

A todo ello se sumaron un conjunto de vacíos éticos, como la falta de profesionalidad por parte de quienes actuaron por incentivos perversos en los bancos, y no por los valores de su profesión, animando a los clientes a embarcarse en aventuras que difícilmente podrían costear más tarde; el fracaso de determinados modelos de vida consumista que aconsejan llevar a cabo conductas imprudentes e irresponsables a políticos, empresarios y ciudadanos.[5]

Y, por último, la maldición del cortoplacismo, la necesidad de tomar decisiones a corto plazo, que apenas deja tiempo para la reflexión, menos aún para decidir anticipando el futuro. Cuando precisamente la celeridad de los cambios exige estar «bien entrenado», tener los reflejos preparados para tomar buenas decisiones, y diseñar iniciativas de largo aliento, no limitadas al aquí y al ahora. Y no sólo en el mundo empresarial, sino muy especialmente en el político. El hecho de que los partidos en el gobierno dispongan de cuatro años para desarrollar sus programas y de que en realidad no persigan durante ese tiempo sino ganar de nuevo las elecciones, desplaza *ad calendas graecas* las reformas estructurales, tan necesarias según todos los especialistas.

6. INVERTIR EN LO QUE VALE LA PENA: SABER PRIORIZAR

Naturalmente, ante este elenco de vacíos morales se impone la pregunta «¿qué hacer?», y la respuesta, en principio, es que se pueden hacer muchas cosas. Entre ellas, ganar músculo ético para evitar estas situaciones antes de que se produzcan, o para buscar las mejores soluciones si el desastre se ha desencadenado.

Para ganar músculo ético es necesario quererlo y entrenarse, como el deportista que intenta día a día mantenerse en forma para intentar ganar limpiamente competiciones y anticiparse a los retos que estén por venir. Con eso no se solucionarán todos los problemas, pero sí que estaríamos mucho mejor preparados para buscar en serio soluciones con altura humana y para ponerlas en marcha.

Y ya que empezamos este capítulo aludiendo al Tribunal de las Aguas como un ejemplo del poder de la confianza para abaratar costes y crear riqueza, lo acabaremos invitando a optar por la olvidada costumbre de decir la verdad en la vida pública, sea política, económica o civil, entre otras razones, porque sin veracidad no hay confianza posible.

En un pasaje de su *Teoría económica de la democracia* el politólogo Anthony Downs se refiere a la virtud de la integridad y dice que, a su juicio, la integridad consiste en la coherencia entre las declaraciones y las realizaciones. Una caracterización que se puede compartir sin duda. La integridad —sigue diciendo— es esencial para que sean eficientes las relaciones interpersonales, porque el engaño desfigura los mensajes que transmitimos, crea una niebla y ya no sabemos de qué estamos hablando. Por eso la gente valora positivamente la integridad, porque hace que las relaciones entre las personas sean más transparentes y eficientes. La comunicación —asegura— es más fácil y barata en una sociedad de hombres veraces que en una de mentirosos.[6]

Y tiene razón. Es agotador tener que estar siempre interpretando las medias palabras de los personajes públicos, presumir que es falso lo que dicen y tener que construir en terreno desconocido. Pero lo mismo sucede con la comunicación a través de las redes, que la mentira, la distorsión, la calumnia crean un daño incalculable.[7] ¿Hay algún modo de atajar el dolor que se causa por estos medios, en los que el anonimato puede ser letal? Naturalmente pueden y deben estudiarse medios legales para evitar los atropellos, pero si no contamos a cada lado de la red con personas convencidas de que no se debe dañar, el problema no tiene solución. Las medidas legales son necesarias, pero sin personas convencidas de que cualquier ser humano es digno de todo respeto, sin gentes conscientes de que ellas mismas tampoco se merecen la indignidad de mentir y calumniar, seguiremos teniendo un mundo muy caro en dolor y en sufrimiento.

Como opinaba El Perich, en aquel libro que llevaba por título *Autopista*: dicen que la velocidad de los vehículos en carretera depende de caballos en el motor, yo creo que es cuestión de burros al volante. Cuanto más poderosos son los medios para establecer lazos de comunicación, cuantos más caballos hay en el motor, personas más cabales tienen que ser las que manejan el volante.

¿Y qué hacer con el dinero ahorrado? La respuesta es bien sencilla: invertir en lo que realmente vale la pena. En prevenir y curar enfermedades, anticiparse en lo posible a las catástrofes naturales para evitar muertes y sufrimiento, empoderar a las personas para que puedan llevar adelante aquellos planes de vida que consideren valiosos, crear puestos de trabajo, universalizar la educación y la sanidad, y tantas cosas que ayudan a humanizar la vida. Habrá que priorizar sin duda, empezando por los más vulnerables. Y no deja de ser escandaloso que no sea a ese mundo al que va la riqueza despilfarrada por falta de ética.

* * *

¿Para qué sirve la ética? Para abaratar costes en dinero y sufrimiento en todo aquello que depende de nosotros, e invertirlo en lo que vale la pena, sabiendo priorizar.

Notas

1. José Ortega y Gasset, «Por qué he escrito *El hombre a la defensiva*», *Obras Completas*, Revista de Occidente, IV, p. 72.

2. Jeffrey D. Sachs, *El precio de la civilización*, Galaxia Gutenberg/Círculo de Lectores, 2012, p. 9.

3. Aristóbulo de Juan, «La ética de la reestructuración del sistema financiero», XXI Seminario ÉTNOR, sesión del 26 de octubre de 2011.

4. Francis Fukuyama, *La confianza*, Ediciones B, Barcelona, 1998; Adela Cortina (ed.), *Construir confianza*, Trotta, Madrid, 2003; Domingo García-Marzá, *Ética empresarial. Del diálogo a la confianza*, Trotta, Madrid, 2004.

5. Adela Cortina, *Por una ética del consumo*, Taurus, Madrid, 2002.

6. Anthony Downs, *Teoría económica de la democracia*, Aguilar, Madrid, 1971, p. 116.

7. Mario Vargas Llosa, «La identidad perdida», *El País*, 21-X-2012, p. 35.

2

LABRARSE UN BUEN CARÁCTER

El carácter es para el hombre su destino.[1]

1. Un diálogo en clase

Cuando doy clases de ética en la facultad, suelo empezar tratando de aclarar qué es eso de la ética y qué es eso de la moral, porque, como decía un excelente profesor mío, Fernando Cubells, las cuestiones de nombres son solemnes cuestiones de cosas, y por eso importa ante todo aclararlas para saber de qué estamos hablando.

Dispuesta a llevar a cabo esa tarea en la asignatura de *Introducción a la Ética*, hace un par de cursos, conté a los alumnos uno de esos ejemplos de lo que se ha llamado en la bibliografía anglosajona «males sin daño», para que debatiéramos si el problema que allí se planteaba era moral o de otro tipo. Como es sabido, algunas teorías entienden que sólo hay problemas morales cuando se daña a alguien y, por lo tanto, que algunas acciones que podríamos considerar malas porque nos parecen repugnantes no son moralmente malas si no producen daño alguno; mientras que otros autores entienden que la moral tiene que ver con no dañar, pero también con no realizar acciones repugnantes. Éste me pareció un buen comienzo para dialogar sobre qué es eso de la moral.

En la bibliografía reciente hay muchos ejemplos sumamente jugosos de males sin daño. Como el de la familia que decide comerse a su perro, al que ha atropellado un camión, para sacarle alguna utilidad, una vez muerto. O el de la señora que seca el inodoro con la bandera nacional, por no tener otro paño a mano.[2] En ninguno de estos casos se daña a nadie, porque el perro ya murió y la bandera no siente, y tanto la familia como la señora actuaron a puerta cerrada, sin testigos, con lo cual ni siquiera pueden contagiar esa forma de conducta. Pero se trata de hechos que producen repugnancia a primera vista, un sentimiento al que se ha ligado en muchas ocasiones con el rechazo moral. Yo entiendo que son cosas distintas, pero los ejemplos resultan lo suficientemente chocantes como para despertar interés e iniciar una discusión. Eso sí, para evitar confusiones en esta ocasión me pareció más prudente acudir a un ejemplo poco repugnante, al menos a primera vista.

Un joven promete a su madre, en el lecho de muerte, que le llevará flores a su tumba si ella fallece. Muere la madre, pero el hijo incumple su promesa y no lleva las flores al cementerio. Con lo cual la madre no sufre ningún daño, porque ya no le afecta, y cabe preguntar entonces si el hijo ha actuado moralmente mal. Mi propósito era averiguar si sabíamos lo que significan «moral» y «ética», porque nadie parece saberlo. En cualquier caso, nunca pensé que el debate iba a ser tan apasionante.

Empezó una alumna asegurando que, en efecto, allí no podía hablarse de inmoralidad alguna, porque nadie resultaba dañado. A fin de cuentas la fallecida no sufría por el incumplimiento porque no se enteraba de nada; si no se enteraba no hay daño, y si no hay daño, no hay mal moral. Esta posición pareció generar un gran consenso en el aula 31 del aulario III, llamado «multiuso». A pesar de la gran cantidad de tinta que ha corrido en la bibliografía del ramo sobre la obligación moral de cumplir las promesas, único ejemplo del imperativo categórico kantiano que apenas presenta problemas, afirmación radical de Nietzsche de que el hombre es el animal capaz de hacer promesas, a mis alumnos no les parecía en principio que la falta de fidelidad a la palabra dada tuviera la menor trascendencia. Todo un descubrimiento.

Así andábamos cuando un segundo alumno interpeló a la chica que acababa de hablar con un argumento bien interesante: que la madre no se entere no es una razón para asegurar que la acción no está mal, porque tú puedes pasarte la vida engañando a tu pareja, que no se entere y, sin embargo, eso estaría mal. Engañar a quien confía en ti, lo sepa o no, es impresentable, estafar a quien te da su cariño, no se hace. Un segundo descubrimiento todavía más interesante que el primero.

La clase tocaba a su fin y ahí parecía que nos íbamos a quedar, cuando una chica dijo, muy enfadada, «la inmoral es la madre por empeñarse en que el hijo le lleve flores a la tumba». Me pareció justo echar un capotazo a la pobre madre y le repliqué: «no hay para tanto, total se trata de llevarle unas simples flores y la madre se está muriendo». Pero la chica cerró el diálogo con un rotundo «al fin y al cabo, lo que le pide es que haga un esfuerzo».

Todo hay que decirlo, esta postura fue minoritaria, la más aplaudida entendía que dañar es malo, pero que también lo es engañar a quien ha depositado en mí su confianza, aunque de ahí no se siga sufrimiento alguno. Parece que la moral tiene algo que ver con no dañar, pero no siempre y no sólo con eso; también con no defraudar la confianza. Y es verdad, pero también lo es que tiene que ver con muchas cosas más. Es un juego con muchas cartas, al que no hay más remedio que jugar, y no es fácil porque andan muy embarulladas.

2. El juego de la ética

Estrenábamos ese año el controvertido «Plan Bolonia», con lo cual hubo que redactar una tonta guía de la materia, en la que figuraban el volumen de trabajo que se suponía que debía invertir un alumno medio en hacerse con ella, los objetivos, y una infinidad de competencias, divididas en básicas, generales y específicas, a cuál más inútil. Toda esa jerga burocrática con la que se están empeñando en destrozar poco a poco la universidad aquellos a los que corresponde, y después se quejan del nivel que alcanzan nuestras universidades en los índices mundiales.

En cuanto al contenido, que en la maraña de formalidades parece irrelevante, cuando justamente es lo importante y por eso es lo que elabora con gusto y cuidado el profesor, trataba yo de ir mostrando cómo la ética se va tejiendo a lo largo de la historia a partir de tradiciones que ponen su acento en las cartas indispensables para jugar al juego de la moral.

La adquisición de *virtudes*, que son esas predisposiciones a obrar bien que vamos conquistando a lo largo de la vida y que conforman el buen carácter. Desde el mundo homérico, el de la *Ilíada* y la *Odisea*, esas virtudes se entienden como excelencias del carácter, el virtuoso es el que se sitúa por encima de la media en una actividad, como Aquiles en velocidad, Héctor en valor, Príamo en prudencia. Hoy seguimos hablando de virtuosos del piano o del violín, y también de las virtudes que es necesario conquistar para tener un buen carácter. Justicia, prudencia, fortaleza, honestidad y tantas otras.

El recurso al *diálogo* para averiguar qué es lo bueno y lo justo, del que echaron mano los sofistas, Sócrates y Platón. Nadie es capaz de descubrir en solitario qué es lo verdadero o qué es lo conveniente, sino que necesita entrar en un diálogo con otros para ir descubriéndolo conjuntamente.

La convicción de que hay un *fin de la vida humana* que importa descubrir para intentar acceder a él, porque es la forma de vivir una vida digna de ser vivida. Todos convienen en entender que ese fin es la felicidad, pero no dan a la felicidad el mismo contenido. Aristóteles aseguraba que consiste en la *eudaimonía*, en realizar aquellas actividades que son más propias de un ser humano, como tratar de desentrañar los secretos del universo o dedicarse a la vida política haciendo uso de la justicia y la prudencia. Los epicúreos cifraron la felicidad en el placer, mientras que los estoicos entendieron que la felicidad no puede consistir en emociones placenteras, porque sentirlas no depende de nosotros.

Estas tradiciones, la de las virtudes, el diálogo y la felicidad, se han prolongado hasta nuestros días, cobrando más fuerza en unos periodos u otros, reformulándose para responder a las nuevas exigencias de los tiempos nuevos, y se trata de naipes indispensables para jugar el juego de la ética. Pero a lo largo de la historia se han ido ganando otras, como los *sentimientos*, del que hablaron los autores escoceses; la *libertad* entendida como autonomía, como la capacidad de darse leyes a sí mismo, que incluyó Kant en el juego, o el mundo de los *valores*, que tanto éxito viene teniendo en los últimos tiempos.

Podríamos ir añadiendo muchos otros naipes, pero conviene empezar por uno, y concretamente por aquel que está en la entraña etimológica de los nombres «moral» y «ética»: la ética trata de la *formación del carácter* de las personas, de las instituciones y de los pueblos, como expresan los términos que le dan nombre «moral» y «ética».

3. Artesanos de la propia vida

En efecto, la palabra «moral» procede del término latino *mos-moris*, que significa carácter, costumbres, usos, pero también el lugar en el que se vive, la morada del hombre. Los seres humanos vivimos de nuestras costumbres y en ellas, en los hábitos que nos vamos forjando día a día, en el carácter que se viene configurando desde esos hábitos. Quien se vaya labrando un buen carácter, una buena morada, aumentará la probabilidad de lograr una vida buena. A esto se refiere también la palabra «ética», nacida del término griego *êthos*, que indica los hábitos que las personas vamos adquiriendo para obrar bien o mal y que componen el carácter.[3]

Es verdad que nuestro carácter no está sólo en nuestras manos, porque nacemos en un determinado país, en el seno de una familia, en el contexto de una vecindad y nada de esto lo hemos elegido, como tampoco las características genéticas y psicológicas con las que nacemos. La lotería natural y social nos toca en suerte, y nos sigue acompañando a lo largo de la vida en la gente con que nos encontramos, las circunstancias, la salud o la enfermedad. La libertad humana no es absoluta, nunca lo fue ni lo será, siempre está condicionada.[4]

Pero por muy condicionada que esté nuestra libertad por todos estos factores, también es verdad que no está escrito el guión de nuestra biografía, que somos nosotros en muy buena parte los autores de nuestra novela vital en decisiones concretas y en la forja del carácter al medio y largo plazo. Y resulta indudable que el carácter de una persona condiciona en muy buena medida cómo recibe los acontecimientos vitales, cómo los aprovecha, cómo saca el jugo a la fortuna para tratar de labrarse una vida buena. Por eso podía decir Heráclito de Éfeso, hace ya aproximadamente unos veintisiete siglos, que el carácter es para el hombre su destino.

Y, aunque Heráclito no lo dijera, lo mismo sucede con las instituciones, las organizaciones y los pueblos, que también ellos se forjan buenos o malos hábitos, y que también para ellos su carácter es en buena medida su destino.

No me refiero con esto a la «historia de las mentalidades» de los pueblos, que tacha a unos de trabajadores, a otros de holgazanes, a unos de tolerantes y abiertos, a otros, de intransigentes y cerrados. Me refiero a las costumbres que potenciamos libremente y que tienen efectos en la vida cotidiana, porque la ética es efectiva, tiene efectividad.

En lo que hace al carácter, los éticos griegos, desde Heráclito a Séneca y Epicuro, pasando por Sócrates, Platón o Aristóteles, entendieron que la tarea más importante de las personas consiste en labrarse un buen carácter, que aumente las probabilidades de ser feliz en vez de aumentar la probabilidad de ser desgraciado.

Porque en esto de las cosas humanas no se puede asegurar nada, una persona puede esforzarse por obrar con prudencia y justicia, por vivir la solidaridad y, sin embargo, verse abandonada por aquellos a quienes más ama, contraer una enfermedad incurable, padecer la muerte de sus seres más queridos. La suerte es ingobernable.

Por eso se preguntaba Aristóteles si podemos decir de alguien que es feliz antes de que muera, porque mientras vive está expuesto a sufrir los más terribles males.[5] Pero también es verdad que quien intenta labrarse un buen carácter aumenta la probabilidad de ser feliz, porque disfruta de las buenas acciones que son valiosas por sí mismas y porque sabe aprovechar mejor los dones de la fortuna o de la providencia, convertir los problemas en oportunidades de crecimiento. Puede convertirse, como decía Séneca, en «artesano de su propia vida».

De esto tratan, pues, la moral y la ética, de este auténtico modo de vivir del hombre, que es su morada, su forma de habitar, el de intentar adueñarse de sí mismo y anticiparse a la fortuna para marcar el curso de los acontecimientos. A esto se llama en ocasiones vivir de forma proactiva, ganando el futuro, y no reactiva, dejándose comer por acontecimientos que no están en nuestras manos, en algunas ocasiones porque es imposible preverlos, en otras, porque les hemos dejado llegar con nuestro modo de vida.

Esto es lo que ha ocurrido con las crisis que empezaron como mínimo en 2007, que también nuestras formas de vivir nos han ayudado a llegar a la catástrofe, porque son efectivas, tienen efectos en la vida corriente, optar por unas u otras nos ayuda a hacer el mundo más habitable o, por el contrario, a que se nos escape de las manos.

Pero antes de pasar adelante, la pregunta se impone: ¿es que es posible forjarse un carácter?

4. ¿Es posible forjarse el carácter?

Leer el *Edipo Rey*, de Sófocles o asistir a su representación es una de las múltiples formas de conocer una de las críticas más fuertes que se han lanzado contra la posibilidad de que los seres humanos podamos ser artesanos de nuestras vidas. Layo y Yocasta, reyes de Tebas, tienen un hijo, Edipo, y el adivino Tiresias predice que en el futuro matará a su padre y se casará con su madre. Para eludir tan mal augurio, entregan al niño a un pastor para que le dé muerte. Pero el pastor, compadecido, le entrega a unas gentes que le cuidan, le educan y, andando el tiempo, sin saberlo, Edipo mata a un desconocido en un cruce de caminos, que resulta ser Layo, y se casa con la reina de Tebas, viuda, que es su madre. Es el destino, escrito en los astros el que ha dirigido las vidas de todos los actores de la tragedia, aunque ellos creían estar actuando libremente.

Esta negación de la libertad humana se ha contado en distintas versiones a lo largo de la historia. Los astros han sido quienes han dirigido la vida humana, según algunas de ellas; según otras, Dios, la fisiología humana, la economía, los genes o las neuronas. Ahora bien, si nos resulta imposible cambiar el temperamento con el que nacimos, si ya nuestras actuaciones están determinadas por nuestra constitución genética y neuronal, como vienen diciendo hoy en día algunos gurús de la genética y las neurociencias, si los hados han escrito el guion de nuestra vida, sean hados cosmológicos, económicos o sociales, entonces somos radicalmente incapaces de ir adquiriendo nuevos hábitos, nuevas virtudes, de ir forjando un carácter desde nosotros mismos.

Pero eso no es así. Nuestra libertad está condicionada, pero existe. El oscuro funcionario HGW XX/7de la Stasi, GerdWiesler, el protagonista de *La vida de los otros*, cambia radicalmente de actitud al conocer el amor, la belleza de la música y de la poesía. Acostumbrado a su rutina de enseñar a otros a descubrir a los conspiradores contra el régimen, a su rutina de espiar posibles enemigos, sin vida propia, viviendo de la vida de los otros, empieza a cambiar cuando, a través de su espionaje, descubre la fuerza revolucionaria del amor y de la música. Es al ministro de Cultura, Bruno Hempf, a quien le interesa declarar que «un hombre no puede cambiar» para poder manipular la acción y apropiarse de la protagonista. Pero la película se propone justamente refutar esa afirmación y mostrar cómo un individuo mostrenco puede convertirse en un hombre bueno.

Las personas sí podemos cambiar, por eso tiene sentido la ética, porque nacemos con un temperamento que no hemos elegido y en un medio social, que tampoco estuvo en nuestras manos aceptar o rechazar, pero a partir de él vamos tomando decisiones que refuerzan unas predisposiciones u otras, generando buenos hábitos si llevan a una vida buena, malos, si llevan a lo contrario. Los primeros reciben el nombre de virtudes, los segundos, el de vicios.

Pero ¿es posible que cada uno de nosotros se fragmente en distintos «caracteres», y que se comporte de un modo en la familia, de otro en el trabajo, de otro con los amigos?

Si esto fuera así —piensan algunos autores— éste sería un argumento contra el carácter. Y en alguna ocasión aducen para ejemplificarlo un cuento de la escritora Lydia Davis, que lleva por título *Trato de aprender*. El cuento, sumamente breve, es el siguiente:

> Trato de aprender que este hombre juguetón que me provoca es el mismo hombre serio que habla de dinero con tanta gravedad que ya ni siquiera me ve y el mismo hombre paciente que me brinda consejo en los malos momentos y el mismo hombre iracundo que da un portazo cuando sale de casa. Muchas veces he deseado que el hombre juguetón sea más serio y que el hombre serio sea menos serio y que el hombre paciente sea más juguetón. En cuanto al hombre iracundo, es un extra-

ño para mí y no creo que sea incorrecto detestarlo. Ahora estoy aprendiendo que si le digo palabras crueles al hombre iracundo cuando sale de casa, al mismo tiempo lastimo a los otros a los que no quiero lastimar, al hombre juguetón que me provoca, al hombre serio que habla de dinero y al hombre paciente que brinda consejo. Sin embargo, miro al hombre paciente, por ejemplo, el que más quisiera proteger de palabras crueles como las mías, y aunque me digo que él y los otros son el mismo hombre, sólo puedo creer que dirigí esas palabras, no a él, sino a otro, mi enemigo, que merecía toda mi ira.[6]

¿Cómo es posible que en distintas circunstancias una misma persona se comporte de forma tan diferente? ¿No debería ocurrir que quien ha conseguido incorporar a su quehacer una virtud, por ejemplo, la honestidad, la justicia o la prudencia, se comporte de forma honesta, justa o prudente en las diferentes situaciones en que se encuentre?

La pregunta no es nueva, ya la formulaban los sociólogos que hablaban de los diferentes roles que representa cada persona, pero en los últimos tiempos se insiste en el tema y se llevan a cabo una buena cantidad de experimentos para constatar que esta incoherencia interna es más que habitual en los seres humanos.

También es cierto que cualquier persona corriente podría confirmarnos que es así sin necesidad de salir de sí misma. La madre o el padre cariñosísimos con sus hijos se vuelven despiadados en el trabajo, el político corrupto es un excelente amigo y vecino de escalera, Calígula era enormemente tierno con su caballo y así hasta el infinito. Es el pan nuestro de cada día, en este asunto nadie está legitimado para tirar la primera piedra. De todo esto concluyen algunos autores que los rasgos del carácter no manifiestan estabilidad intersituacional, o, lo que es idéntico, que la misma persona en distintas circunstancias actúa de modo diferente.

Por si faltara poco, nuevos experimentos muestran que las gentes están más predispuestas a ser amables en condiciones físicas agradables, por ejemplo, a dar cambio a un viandante que se lo pide para llamar por teléfono, si están junto a una panadería de la que sale un aroma delicioso que si están junto a una cloaca maloliente. Claro que si se pregunta a esas personas por qué han dado cambio, ignorarán que la causa es el buen olor del pan y los pasteles y buscarán una razón, razón que a menudo tendrán que inventarse porque en realidad, según los autores de los que hablamos, desconocen que su acción estuvo causada por el buen aroma.[7]

Si todo esto fuera verdad, parece que esto de que nos labramos un buen carácter sería más bien una ilusión que los seres humanos nos hacemos por no se sabe qué secretos mecanismos de nuestro cerebro, para poder conservar una mejor imagen de nosotros mismos, y que nos inventamos razones para justificar esas acciones nuestras que se desvían de la virtud para no perder nuestra autoestima.

Y digo «parece» porque, a mi juicio, no es verdad, y el proyecto de forjarse un buen carácter sigue siendo uno de los más inteligentes que puede proponerse una persona. Porque las personas tenemos lo que se llama «intereses de segundo orden», es decir, podemos decidir reflexionar sobre nuestras actuaciones, intentar apreciar si existe o no coherencia en nuestro modo de obrar en distintas situaciones, tratar de entender por qué hay incoherencia, cuando la hay, y también tomar la decisión de extender al conjunto de la vida la actuación honesta y justa, o bien al menos tomar conciencia de por qué no es posible hacerlo.

Bien decía Sócrates que una vida sin reflexión no merece ser vivida, y eso es lo esencial: no perder la capacidad de reflexionar, preguntarse el porqué y tomar decisiones cogiendo las riendas del propio futuro, al menos en la medida de lo posible.

Cultivar esos intereses de segundo orden a través de la educación es lo que requeriría una educación de calidad, más que preparar a los alumnos para el juego del mercado.

Quien reflexiona puede percatarse de que estuvo muy amable porque le acababan de dar una buena noticia o que estuvo insoportable porque le habían dado un disgusto. Vale la pena entonces pensar qué queremos hacer en el futuro, y esto es lo que convierte el deseo en voluntad.

Por si faltara poco, no siempre se puede ni se debe actuar del mismo modo en distintos contextos, no hay una medida aplicable por igual en todos los casos, nadie puede ahorrarnos el esfuerzo de calibrar si éste es el contexto para el juego, este otro para la escucha, la paciencia y el consejo, este otro incluso para dar algún portazo, aunque esto último en bien raras ocasiones y dependiendo de a quién.

La virtud no consiste en saber aplicar una regla comprada en alguna papelería, sino en saber valorar cómo actuar en cada caso, teniendo en cuenta el contexto y en reflexionar después si es necesario. No existe el GPS que nos indica el camino a seguir en cada caso, es cada persona la que ha de arriesgarse a decidir, actuar y cargar con la responsabilidad por lo hecho.

Hace ya muchos años, en la Universidad del Valle, en Cali, Colombia, descubrí hasta qué punto es necesario adaptar las actitudes a los casos concretos. Acababa de explicar en un seminario en qué consiste la ética del discurso, una ética entonces prácticamente desconocida en el mundo hispano, y al hilo de la explicación había formulado el principio ético, según el cual, una norma es justa si todos los afectados por ella pueden darle su consentimiento después de un diálogo celebrado en las condiciones más próximas posible a la simetría, un diálogo en que los afectados han sacado a la luz sus intereses de forma transparente y están dispuestos a dar por justo el resultado final, el que satisfaga intereses universalizables. La pregunta no se hizo esperar: ¿cómo adoptar una actitud dialógica semejante en un país marcado por la violencia de los narcotraficantes, los paramilitares, la guerrilla, el ejército? ¿Es mínimamente sensato, incluso moralmente aconsejable, sacar a la luz los propios intereses, cuando otros no están dispuestos a hacer otro tanto, y buscar desprevenidamente un consenso con los que no tienen el menor interés de llegar a él, porque sólo buscan sus ventajas particulares?

Claro que no, por supuesto, lo moralmente aconsejable no es poner todas las cartas sobre la mesa, sino negociar prudentemente, proyectar estrategias que permitan ir construyendo una sociedad en la que sea posible entablar diálogos de forma transparente para poder determinar qué es lo justo atendiendo a intereses universalizables.

La pregunta se repite a diario, de forma implícita o explícita: ¿cómo aplicar la imparcialidad en una situación en que nadie actúa de forma imparcial?, ¿no se perjudica entonces a los más débiles, que son los que no tienen apoyos? Sin duda el argumento es peligroso, porque puedo acabar acomodando lo que considero justo a lo que me conviene, pero para eso es importante la autovigilancia, que sólo se practica cuando tenemos verdadero interés en ser justos. Lo más importante es tener verdadero interés en serlo, tener voluntad de serlo, reflexionar sobre lo hecho y proyectar el futuro.

5. La maldición del cortoplacismo

Hace unos años el sociólogo Richard Sennett describió en su libro *La corrupción del carácter* hasta qué punto el nuevo capitalismo hace prácticamente imposible la formación del carácter tanto de las personas como de las empresas.[8]

El carácter —entiende Sennett— se centra en el aspecto duradero de nuestra experiencia emocional, se expresa por la lealtad y el compromiso mutuo, a través de la búsqueda de objetivos a largo plazo y postergando la gratificación con vistas a un objetivo futuro. Se relaciona con aquellos rasgos personales que valoramos en nosotros y por los que queremos ser valorados, por eso intentamos mantener algunos sentimientos, que serán los que sirvan a nuestro carácter. Sin embargo, forjarse un carácter parece imposible en una sociedad capitalista centrada en lo inmediato, en una sociedad que tiene por consigna no plantearse «nada a largo plazo». Este principio socava las bases de la confianza, la lealtad y el compromiso, que necesitan del medio y largo plazo para consolidarse. Las empresas se convierten en redes débiles, los puestos de trabajo se reemplazan por proyectos y campos de trabajo.

¿Cómo pueden perseguirse objetivos a largo plazo en una sociedad cortoplacista?, ¿cómo mantener relaciones sociales duraderas?, ¿cómo puede desarrollar un ser humano un relato de su identidad e historia vital en una sociedad compuesta de episodios y fragmentos? La hipótesis que Sennett intenta confirmar en su libro es que la economía cortoplacista amenaza con corromper el carácter, especialmente en aquellos aspectos que unen a los seres humanos entre sí y brindan a cada uno la sensación de mantener un yo sostenible.[9]

Y es verdad que la maldición del cortoplacismo es una amenaza para la construcción cuidadosa del carácter en el mundo económico. En tiempos de globalización el trabajo estable se transforma en trabajo precario, la identidad que se lograba a través de una especialización se convierte en «empleabilidad», en virtud de la cual el empleado igual sirve para un fregado que para un barrido, y la fuerza de una comunidad empresarial degenera en redes y trabajo en equipo, tan flexibles como evanescentes. Pero también el mundo político está sometido al imperativo del corto plazo, porque conquistar y conservar el poder requiere estar obsesivamente atentos a los calendarios electorales, a calibrar cuál es el mejor momento para tomar determinadas decisiones de modo que no merme el número de votos, a lanzar las redes en lugares insospechados tratando de pescar lo que se pueda, amoldando la red a la posible pesca.

En algún tiempo se hablaba de que más vale ser camaleón que dinosaurio, más vale saber adaptarse a los entornos cambiantes que mantener numantinamente la propia identidad a pesar de que ya haya pasado el periodo de las glaciaciones y el calor caldee la Tierra. Pero más allá de los camaleones y los dinosaurios deberían estar las personas, capaces de labrarse el mejor carácter posible con vistas a vivir una vida buena.

6. Ética, no cosmética

En cualquier encuentro sobre ética de la economía y la empresa, un tipo de ética especialmente boyante desde los años setenta del siglo pasado, alguien del público pregunta convencido de su sagacidad: ¿pero todo eso es ética o cosmética?

La cosmética sería cosa de los maquillajes que mejoran el aspecto de las personas durante un tiempo, pero no las transforman por dentro, mientras que la ética se referiría a una transformación interna, nacida de la convicción de que merece la pena obrar bien, por el valor interno del obrar bien mismo y porque, como venimos diciendo desde el capítulo anterior, resulta fecundo.

No hay que descuidar el aspecto, eso es verdad. Como bien aconsejaba Maquiavelo a su príncipe nuevo, «todos ven lo que pareces, pocos palpan lo que eres».[10] Un consejo que se hace más que pertinente hoy en día, cuando los casi inexistentes medios de comunicación de la Italia renacentista se han convertido en esa infinidad de redes que vinculan a las gentes más lejanas a través de blogs, chats, twiters, sms o wasaps. Por eso tratar de comunicar lo que se hace bien es aconsejable, pero es preciso que la comunicación sea veraz, y no un puro maquillaje.

El maquillaje se esfuma al cabo de unas horas, mientras que el carácter se labra día a día, requiere esfuerzo, entrenamiento, tomar vitaminas, optar por las cosas que realmente valen y que por eso mismo dan sentido a trabajar en esa dirección. Como ocurre a los deportistas que se esfuerzan en romper el récord por el gusto mismo del deporte, como los arqueros que se entrenan diariamente para poder dar en el blanco.

Labrarse un buen carácter, un buen *êthos*, es lo más inteligente que puede hacer una persona para aumentar sus posibilidades de llevar a cabo una vida buena, feliz.

Y lo que vale para las personas, vale también para las organizaciones y para los pueblos, que también unas y otros van tomando decisiones que les generan predisposiciones a actuar de un modo u otro. Por eso, cuando las organizaciones, las instituciones o los pueblos generan un mal carácter, malos hábitos y costumbres, pierden el señorío sobre su presente y su futuro y se convierten en seres reactivos. Reaccionan a los acontecimientos, y además tarde y mal, precisamente porque son los sucesos los que ganan la mano.

La felicidad no está sólo en nuestras manos, pero también está en ellas, y las malas decisiones acaban pagándose. Lo peor es que suelen pagarlas quienes menos responsabilidad tuvieron en todo ello.

* * *

¿Para qué sirve la ética? Para intentar forjarse un buen carácter, que aumenta la probabilidad de ser felices y justos, al ayudar a estimar los mejores valores y optar por ellos.

Notas

1. El fragmento que nos ha quedado de Heráclito de Éfeso dice así: «El carácter es para el hombre *daímon*» (Stob. Flor. IV 40, 23/DK 22 B 119). Traduzco «daímon» por «destino», como es habitual. Ver Fernando Cubells, *Los filósofos presocráticos*, Anales del Seminario, Valencia, 1965, pp. 162 y 299.

2. El ejemplo de la bandera está tomado de J. Haidt, S. Koller, M. Dias, «Affect, culture and morality», *Journal of Personality and Social Psychology*, 65 (1993), pp. 613-628.

3. José Luis Aranguren, *Ética, Obras Completas*, II, Trotta, Madrid, 1994, cap. 2. Es verdad que en el lenguaje filosófico se mantiene la distinción entre moral y ética, no por razones etimológicas, sino porque se quie-

re dar a entender que hay dos niveles de reflexión y lenguaje, el de la moral de la vida cotidiana, que es distinta en las diferentes culturas y nace prácticamente con el ser humano, y la parte de la filosofía que se ocupa de reflexionar sobre ese fenómeno de la moral en la vida cotidiana. Como la moral forma parte del ser del hombre y hay distintas morales, esas morales diversas llevan «apellidos» de la vida cotidiana. Por su parte, la ética, como filosofía moral, se pregunta en qué consiste eso de ser moral, por qué debemos actuar según determinadas normas y principios morales, y cómo se aplican esas normas y principios en la vida cotidiana. De la misma manera que hay distintas morales hay también distintas éticas, pero éstas llevan apellidos filosóficos, como ética aristotélica, utilitarista o kantiana, porque sus reflexiones son filosóficas. Como es obvio, no es verdad, como se ha dicho en ocasiones, que haya distintas morales y una sola ética. Ni tampoco que las morales sean particularistas y la ética, universal. Al menos desde la aparición de las religiones monoteístas, que son universalistas, las morales de la vida cotidiana también pretenden universalidad. Y las distintas éticas intentan explicar la existencia de la moralidad buscando sus fundamentos con métodos filosóficos, pero hay discrepancias entre ellas, porque unas consideran que la razón de que haya moral es la búsqueda de la vida buena, que es el fin que nos da la naturaleza (aristotelismo), otras, el placer o la utilidad (utilitarismo), otras, la capacidad de los seres humanos de darse a sí mismos sus propias leyes (kantismo). Las más relevantes hoy en día son las nuevas versiones de la ética aristotélica, la kantiana, el utilitarismo o el pragmatismo.

4. Adela Cortina, *Neuroética y neuropolítica*, Tecnos, Madrid, 2011, parte III: «La indeclinable libertad».

5. Aristóteles, *Ética a Nicómaco*, Instituto de Estudios Políticos, Madrid, 1970, I, 9, 1100a, 4-9 (p. 12).

6. Lydia Davis, «Trying to learn», en *Almost no memory: Stories*, Nueva York, Farrar, Straus y Giroux, 1997 (citado por Kwame Anthony Appiah, *Experimentos de ética*, Katz, Madrid, 2010, pp. 49 y 50).

7. Kwame Anthony Appiah, *ibid.*

8. Richard Sennett, *La corrupción del carácter*, Anagrama, Barcelona, 2000.

9. *Ibid.*, p. 25.

10. Nicolás Maquiavelo, *El Príncipe*, Cátedra, Madrid, 1985, p. 141.

3

QUERER CUIDAR

1. Cuidar de sí mismo, cuidar de otros

Desde el comienzo del mundo moderno se suele contar la historia de los seres humanos como si fuéramos individuos aislados que un buen día deciden unirse y formar sociedades para defender mejor su vida y sus propiedades. Éste es el relato que contó Thomas Hobbes en el *Leviatán* hace ya más de tres siglos y ha tenido tanto éxito que se ha ido extendiendo a otras latitudes dando forma a esa unidad política que es el Estado de derecho. Según Hobbes, los seres humanos deseamos preservar nuestra vida y nuestra propiedad y ésa es la razón por la que estamos de acuerdo en sellar un pacto por el que se constituyen los diferentes Estados. Como las personas vivimos de relatos, este del egoísmo inteligente que nos lleva a sellar pactos y construir Estados nacionales es el que ha triunfado, como también el de creer que somos seres esencialmente egoístas. No faltaba más que la fabulación del gen egoísta que algunos cuentan desde la biología y la genética para remachar el clavo.

Pero resulta ser que los seres humanos no somos sólo egoístas, inteligentes o estúpidos, sino que somos también, entre otras cosas, *seres predispuestos a cuidar de nosotros mismos y de otros.* Para eso nos ha preparado el mecanismo de la evolución, seleccionando *la propensión a cuidar* como una de las actitudes indispensables para mantener la vida y reproducirla, y la llevamos ya en la entraña de nuestra humanidad.

Claro que las propensiones necesitan cultivo para desarrollarse y no quedar frustradas. Y aquí convendría recordar la lección de aquel jefe indígena que contaba a sus nietos cómo en las personas hay dos lobos, el del resentimiento, la mentira y la maldad, y el de la bondad, la alegría, la misericordia y la esperanza. Terminada la narración, uno de los niños le preguntó: abuelo, ¿cuál de los lobos crees que ganará? Y el abuelo contestó: el que alimentéis.

No somos libres de dejar de ser libres, ninguna propensión se convierte en destino irremediable, su puesta en marcha exige alimentarla, a no ser en casos patológicos.

Pero, siendo esto verdad, no lo es menos que de algún modo hay que contar con la naturaleza heredada, y si en esa naturaleza no hubiera ningún resquicio de altruismo, no habría forma de alimentarlo. Afortunadamente, sí existe ese resquicio y más que un resquicio. Los seres humanos, como el resto de los mamíferos, necesitan ser cuidados por otros porque son extremadamente vulnerables y sin cuidados serían incapaces de sobrevivir. Pero además cuidan de sí mismos y buscan su bienestar de un modo natural, e igualmente de un modo natural ponen empeño, e incluso más en ocasiones, en cuidar de sus crías y también de sus parejas. Se afanan por darles alimento, cobijo, intentan defenderles de los peligros y procuran estar cerca de ellas. Cuando se ven separados de ellas experimentan un gran sufrimiento y el reencuentro supone un enorme alivio.[1]

Salvo casos excepcionales, contemplar la vida de un buen número de animales, cautivos o en libertad, es suficiente para comprobar la ternura con que cuidan a las crías, cómo los padres de la familia humana cuidan a sus hijos.

Bien lo sabe el periodismo amarillista, que se apresura a informar a los atónitos lectores de que unos padres han matado a su hijo y lo han arrojado a un contenedor, otros han encerrado a sus hijos durante años sin que nadie lo notara y les han violado sistemáticamente, otros los han asesinado frente a su pareja para que sufriera lo indecible. «Eso no lo hacen ni los animales», dice la gente indignada. Y es verdad, no lo hacen más que en contados casos, y resulta muy difícil entender cómo un ser humano es capaz de traicionar su más natural predisposición a cuidar a los hijos dañándoles voluntariamente.

Y bien lo saben, en el extremo contrario, los torturadores que asesinan a los hijos ante sus padres, o llegan aún más allá, como cuenta Mario Vargas en *La fiesta del chivo*, en aquel relato macabro de la venganza de Ramfis Trujillo, el hijo del dictador Leónidas Trujillo, contra Miguel Ángel Báez, uno de los que conspiraron para quitar la vida al dictador.[2]

Dañar a una persona en sus hijos es sobrepasar todo lo pensable en maldad. «Él no tiene hijos», es el grito desesperado de Macduff cuando Malcolm le insta a vengarse de Macbeth por el asesinato de sus hijos, un grito que repetirá la reina Margarita en *La Tercera Parte del rey Enrique VI*: ninguna venganza imaginable puede estar a la altura del asesinato de un hijo.[3]

Y es que cuidar de los hijos y de las parejas es una tendencia natural que destroza desde hace mucho tiempo la leyenda del individualismo egoísta, presentando ejemplos diarios de la rotunda realidad de la tendencia a cuidar y de la rotunda falsedad del egoísmo en estado puro.

Por si faltara poco, en tiempos recientes estudios endocrinológicos refuerzan esta antigua evidencia al constatar que estamos ya preparados para valorar positivamente cuanto contribuya a nuestra supervivencia y bienestar y la de nuestros hijos y nuestras parejas, y para experimentar como negativo, como un dis-valor, todo lo que ponga en peligro esos bienes. Es curioso cómo los avances científicos no vienen sino a confirmar lo que ya nos contaban la experiencia común y los filósofos preocupados por ayudar a comprender lo que ocurre en la vida corriente.

Según estos estudios, la base de toda nuestra vida activa es la *capacidad de valorar*. Sin ella no podríamos *preferir* unas cosas a otras y, por lo tanto, no podríamos hacer elecciones ni tampoco tomar decisiones. Quedaríamos como aquel famoso robot, sentado junto a una bomba a punto de estallar, que es incapaz de salvarse porque es incapaz de valorar, preferir, elegir, decidir y actuar. Y resulta ser que la capacidad de valorar tiene su base en el circuito neuronal desde el que optamos por los valores más elementales: nos preocupamos de nuestro bienestar y del bienestar de otros cuando esa preocupación apoya nuestra adaptación, directa o indirectamente, porque, si no, no la seleccionaríamos, y ésta es la base de nuestra conducta cooperativa, cuyos mecanismos han ido evolucionando. Como suele entenderse que la capacidad de cooperar es la base de la moralidad humana, es con la adaptación de nuestra organización neuronal para ocuparse de otros, de la descendencia indefensa, cuando apuntan las bases de la moralidad.

Al parecer, tres cambios evolutivos han sido fundamentales para que se configure esa socialidad que de algún modo está a la base de la moralidad: la oxitocina, un péptido muy antiguo, se adapta a nuevas tareas al evolucionar los cerebros de los mamíferos, y le lleva a ocuparse de la descendencia y de formas más amplias de socialidad; junto a ella y a otras hormonas, se produce una modificación que hace nacer sentimientos negativos de miedo y ansiedad frente a la separación de la descendencia y sentimientos de alivio cuando el padre se encuentra con la descendencia o el peligro ha pasado; y, en tercer lugar, una creciente capacidad de aprender, ligada al dolor y al placer, que sirve al individuo para aprender los mejores caminos, que serán respaldados por la aprobación, y a desechar los malos, que recibirán reprobación. Con este refuerzo de la conducta que viene de la sociedad en la que se vive, dando por buenas determinadas conductas y por malas otras, los niños van aprendiendo desde la infancia que hay cosas que hay que hacer, y otras que hay que evitar.

El cuidado de los cercanos es, pues, una actitud natural en los mamíferos y en los seres humanos, en particular. Por eso resultan admirables o incomprensibles acciones como las del cosaco Taras Bulba, el personaje de Nicolás Gogol, que mata a su hijo por haber traicionado a su pueblo. «Cuando naciste te amé como a las estepas», son las palabras finales, es la fidelidad a las estepas la que reclama su muerte. Son admirables o incomprensibles las gestas de esos padres que sacrifican a sus hijos por lo que considera un bien más alto, como la patria, Dios o la revolución. Sus actos pueden interpretarse como un signo de grandeza o como una expresión de fundamentalismo, pero conmueven por la subversión que suponen del orden natural.

O no siempre conmueven. Mi hermana, excelente profesora por cierto de Historia, contaba un buen día a sus alumnos la historia de

Guzmán el Bueno, y no sin cierta emoción llegó al punto en que Tarik, ante los muros de Taifa, le insta a rendir la fortaleza, si no quiere que mate a su hijo, a quien tiene prisionero. La respuesta de Guzmán era bien conocida en mis años mozos, y se tenía por ejemplar. Arrojando su puñal desde lo alto de la muralla le responde: «si no tienes un arma para matarle, ahí va mi puñal». Los tiempos han cambiado. Los alumnos no sólo no se conmovieron, sino que uno de ellos replicó: «¡pues vaya un padre!».

Cuando se habla en esto de la moral de diferencias culturales tal vez no digamos toda la verdad, porque hay diferencias entre las culturas, pero no menos entre las generaciones. La gesta de Guzmán el Bueno, no parece tener la misma lectura que tenía hace unas décadas. Pero en todo caso es cierto que el vínculo afectivo de padres e hijos permanece como un valor seguro con el paso del tiempo; de hecho, si no fuera por las familias, y muy especialmente los abuelos, la situación de los jóvenes sería hoy trágica.

Pero estamos diciendo continuamente que ésta es una base de la moralidad humana, no que en esto consista la moralidad humana. Por eso es importante dar un paso más y preguntarse: ¿el vínculo se corta cuando pretendemos ir más allá de los hijos, las parejas, los parientes?

2. Cierto día Cuidado encontró un trozo de barro

Cierto día —cuenta la célebre fábula de Higinio—, al atravesar un río, Cuidado encontró un trozo de barro. Y entonces tuvo una idea inspirada. Cogió un poco del barro y empezó a darle forma. Mientras contemplaba lo que había hecho, apareció Júpiter.

Cuidado le pidió que le soplara su espíritu. Y Júpiter lo hizo de buen grado.

Sin embargo, cuando Cuidado quiso dar un nombre a la criatura que había modelado, Júpiter se lo prohibió. Exigió que se le impusiera su nombre.

Mientras Júpiter y Cuidado discutían surgió de repente la Tierra. Y también ella le quiso dar su nombre a la criatura, ya que había sido hecha de barro, material del cuerpo de la Tierra. Empezó entonces una fuerte discusión.

De común acuerdo, pidieron a Saturno que actuase como árbitro. Éste tomó la siguiente decisión, que pareció justa:

«Tú, Júpiter, le diste el espíritu; entonces, cuando muera esa criatura, se te devolverá el espíritu.

Tú, Tierra, le diste el cuerpo; por lo tanto, también se te devolverá el cuerpo cuando muera esa criatura.

Pero como tú, Cuidado, fuiste el primero, el que modelaste a la criatura, la tendrás bajo tus cuidados mientras viva.

Y ya que entre vosotros hay una acalorada discusión en cuanto al nombre, decido yo: esta criatura se llamará *Hombre*, es decir, hecha de *humus*, que significa tierra fértil.»

La bien conocida fábula de Higinio viene a contarnos que la esencia de los seres humanos consiste en la capacidad de cuidar.[4] Al fin y al cabo todos somos hijos del infinito cuidado que nuestras madres tuvieron al engendrarnos y al acogernos en este mundo, y todos nos cuidamos unos de otros. Pero la verdad es que la palabra «cuidado» es muy rica.

Viene del término latino «*cura*» y se refiere a una actitud de desvelo, solicitud, atención, diligencia en relación con alguien o con algo, pero también a una actitud de preocupación, de inquietud por el ser al que se está ligado por lazos de parentesco, proximidad, afecto, amor, e incluso supone precaución y prevención para evitar que le ocurra algo malo a ese alguien o algo.[5]

En la filosofía del siglo pasado fue Martin Heidegger quien dio un enorme peso a esta actitud en el ser humano al señalar que el cuidado es un modo humano de estar en el mundo con los otros, lo que él llamaba un existenciario.[6] El mismo Heidegger recuerda la fábula de Higinio, que de modo tan hermoso da con ese ser del hombre que es el cuidado.

Siguiendo esta línea, un buen número de autores de nuestros días ve en la actitud de cuidar la gran alternativa al fracaso del mundo en que vivimos. Según ellos, la actitud de dominación frente a los demás y frente a la naturaleza, la obsesión por incrementar el poder tecnológico convirtiendo a todos los seres en objetos y en mercancías, es la que nos ha llevado a un mundo insoportable, un mundo del que forman parte ineliminable la pobreza, el hambre, la miseria y el expolio de la naturaleza. Un mundo que pone en peligro la supervivencia de la Tierra.

La solución no consistiría en utilizar técnicas más refinadas para causar un daño menor, sino que es una cuestión de ética. Se trata de cambiar de actitud, de adoptar voluntariamente la disposición a cuidar, que es una relación amorosa, respetuosa y no agresiva con la realidad, y por eso mismo no destructiva. ¿Por qué habría que asumirla? Según esos autores, porque los seres humanos son parte de la naturaleza y miembros de la comunidad biótica y cósmica, y, por lo tanto, tienen la responsabilidad de protegerla, regenerarla y cuidarla. El cuidado no sería entonces una técnica, sino un nuevo paradigma de relación con la naturaleza, la Tierra y los seres humanos. El «ser cuidador» del ser humano debería sustituir al ser dominador, y esta actitud de cuidado haría también posible la sostenibilidad de la naturaleza.[7] Con ese término nos referimos al uso racional de los recursos escasos de la Tierra, sin perjuicio del capital natural, mantenido en sus condiciones de reproducción y coevolución, teniendo presentes a las generaciones futuras, que también tienen derecho a un planeta habitable. La sostenibilidad representaría el lado objetivo, ambiental, económico y social de la gestión de los bienes naturales y de su distribución; mientras que el cuidado denotaría su lado subjetivo, las actitudes, los valores éticos y espirituales que acompañan a ese proceso.[8]

De algún modo esa actitud es la que preconiza la célebre *Carta de la Tierra*, que se fue elaborando de 1992 a 2000 desde la sociedad civil en todos los lugares y culturas, y que asumió la UNESCO en 2003.[9] El preámbulo de la Carta dice expresamente: «o hacemos una alianza global para cuidar unos de otros y de la Tierra o corremos el riesgo de autodestruirnos y de destruir la diversidad de la vida». Las categorías «cuidado» y «modo sostenible de vivir» constituyen los principales ejes articuladores del documento.

3. Cosa de mujeres y de varones

Ciertamente, si la actitud cuidadora pertenece al ser más profundo de los seres humanos y hunde sus raíces en su ser animales, es evidente que debe ser propia tanto de mujeres como de varones. Y, sin embargo, la ética del cuidado se ha atribuido tradicionalmente a las mujeres, como si los varones pudieran librarse de cuidar y como si las mujeres se realizaran únicamente cuidando.

Una afirmación semejante es la que parecía surgir de los trabajos de la psicóloga Carol Gilligan, cuando diseñó a partir de estudios empíricos una ética del cuidado, que contrastaba claramente con la ética de la justicia de su maestro Lawrence Kohlberg. En efecto, Kohlberg había tratado de estudiar cómo se produce el desarrollo moral en el niño y para llevar adelante su tarea había identificado lo moral con los juicios sobre lo justo. Sometiendo a distintos sujetos a un conjunto de dilemas, ante los que debían dar respuestas, pero sobre todo argumentar para apoyarlas, Kohlberg llegó a la bien conocida conclusión de que el niño recorre tres niveles a la hora de juzgar moralmente: en el nivel preconvencional, toma el egoísmo como principio de lo justo, entiende que es justo lo que le conviene; en el nivel convencional, tiene por justo lo que es conforme a las normas y usos de su sociedad, porque en realidad quiere ser acogido por el grupo; en el nivel postconvencional, distingue entre su sociedad y los principios morales universales, y enfoca las cuestiones de justicia desde estos últimos.[10]

A este último nivel corresponden todavía dos etapas, que conviene recordar. En la primera lo justo se define en función de derechos, valores y contratos legales, reconocidos por la sociedad, de manera constitucional y democrática. La legalidad se apoya además en cálculos racionales de utilidad social. En la segunda etapa la persona puede ir más allá del punto de vista contractual y utilitario para pensar desde la perspectiva de principios éticos de justicia válidos para toda la humanidad. Reconoce los derechos humanos en la igualdad y el respeto por la dignidad de todos los seres humanos, siendo la conquista de la autonomía la meta moral de la persona.

Sin embargo, Gilligan entenderá que esta ética de la justicia es una de las voces en las que la ética se expresa, pero hay otra voz diferente, la ética del cuidado, que debe complementar a la de la justicia.[11] En efecto, pasando dilemas morales a mujeres llega a la conclusión de que existen dos lenguajes para codificar el mundo moral, que no están subordinados, sino que uno se ha escuchado más que el otro: el de la justicia y el del cuidado. No quiere esto decir que a partir de la experiencia es preciso hacer dos lotes de valores, uno que encarnan los varones y otro las mujeres, sino que hay al menos dos voces morales en las que han de expresarse tanto mujeres como varones: la voz de la justicia, que consiste en situarse en una perspectiva universal, más allá de las convenciones sociales y del gregarismo grupal, y la voz de la compasión por los que precisan ayuda, que son responsabilidad nuestra, empezando por los más cercanos. Los valores indispensables para alcanzar la madurez moral serían al menos cuatro: justicia, autonomía, responsabilidad y compasión.

De todo esto se sigue que el cuidado es cosa de varones y de mujeres y que lleva aparejada la responsabilidad por los vulnerables, porque no basta el lenguaje de los derechos, las denuncias y las impugnaciones.[12] Más allá del derecho y del contrato, se encuentra la responsabilidad por los vulnerables, por los necesitados de ayuda. Como bien decía Hans Jonas, cuando alguien tiene ante sí a un ser vulnerable, y pudiendo protegerlo no lo hace, se comporta de forma inmoral.[13] Eres responsable de tu rosa —decía el zorro al principito de Saint-Exupéry—. Eres responsable de tu rosa, porque la rosa es débil y necesita cuidados, y porque tú la has domesticado, la has hecho de algún modo tuya.

Es verdad que es a las mujeres a las que se ha encomendado la tarea de cuidar en la aplastante mayoría de los casos, hasta el punto de que es a la profesión de enfermería a la que se le adscribe habitualmente una Ética del Cuidado, pero lo bien cierto es que cuidar es obligación de mujeres y varones, incluso biológicamente, no digamos ya moralmente.

4. Los animales y la Tierra tienen valor, pero no derechos

La Declaración Universal de Derechos Humanos de las Naciones Unidas, proclamada en 1948, no sólo ha sido uno de los mayores logros de la historia, sino también una fuente de inspiración para movimientos sociales y políticos que han intentado extender la atribución de ese tipo de derechos a seres no humanos. Con la expresión «ese tipo de derechos» me refiero a los que no *conceden* los Estados en sus códigos legales, sino los que los Estados deben *reconocer* y recoger en esos códigos, porque los seres humanos ya tienen esos derechos y, por lo tanto, han de ser reconocidos y protegidos. No es lo mismo *conceder* que *reconocer*.

De esta clase son los derechos que proclama la Declaración de 1948, a la que se ha adherido tal cantidad de países. Y algo similar es lo que pretenden quienes en 1977 proclaman una «Declaración de Derechos de los Animales» y también los defensores de unos «Derechos de la Tierra», que ya se contemplan en alguna Constitución Política, como la de Ecuador. En este último caso se apela a tradiciones indigenistas, como las de Ecuador o Bolivia, que entienden a los seres humanos como parte de la Naturaleza, incapaces de desarrollarse adecuadamente si no es respetándola y cuidándola como a un ser que tiene entidad y personalidad propia. La Naturaleza, la Tierra no sería entonces un algo, sino un alguien, sería la

Madre de todo lo vivo y lo inerte, y vivir en paz con ella formaría parte del buen vivir, del *Sumak Kawsai*.

En realidad, esta convicción, matizada de una forma u otra, no es propia sólo de tradiciones indigenistas, sino también de todas las culturas panteístas, tanto orientales como occidentales, y desde mediados del siglo pasado cobra una fuerza especial gracias a determinados movimientos ecologistas. Pero lo extraño es que se hable ahora de «derechos» de la Tierra, que es una expresión ajena a las culturas indígenas y al panteísmo más elaborado. ¿Es que estas tradiciones no habían caído en la cuenta hasta ahora de que la Tierra tiene derechos, o lo que sucede más bien es que no los tiene, pero se emplea ese lenguaje por otras razones?

A mi juicio, sólo los seres humanos tienen ese tipo de *derechos* que se proclaman en la Declaración de 1948 y, en consecuencia, ni los animales ni la Tierra los tienen. Lo cual no significa que no tengan un *valor* que nos obliga a no dañarles y a tratarles con cuidado. Un cuadro hermoso tiene un valor y, si alguien lo maltrata o lo destruye, está actuando de forma inhumana, porque no es propio de personas destruir lo valioso. Contemplar las Cataratas del Iguazú es un espectáculo único, y tratar de desviar las aguas del río sería destruir algo bello, cuando debemos cuidar la belleza y acrecentarla.

Pero eso no significa afirmar que el cuadro o las cataratas tengan un *derecho* que deba ser reconocido, sino que tienen un *valor*. Y si conservarlos entra en conflicto con valores que consideramos superiores, como puede ser la vida y la integridad de los seres humanos, entonces los valores superiores tienen prioridad. Otra cosa es depredar la naturaleza y destruirla, en cuyo caso no estamos respetando su valía.[14]

Los animales y la Tierra tienen valor, pero no derechos ni tampoco dignidad, porque sólo los tienen los seres que gozan de la capacidad —actual o virtual— de reconocer qué es un derecho y de apreciar que forma parte de una vida digna. Si los demás no se lo reconocen, tienen conciencia de ser injustamente tratados y ven mermada su autoestima. Por eso, para ser sujeto de derechos es preciso tener la capacidad de reconocer qué significan esos derechos y qué trascendencia tienen para vivir una vida realizada.

Ése es el caso de los seres humanos, incluidas las personas discapacitadas, a las que no hay que separar de la comunidad humana, sino todo lo contrario: es preciso poner todos los medios para que desarrollen al máximo sus capacidades en el seno de sociedades humanas. De todo ello se sigue que tenemos el deber de proteger los derechos de las personas, tanto los de primera y segunda generación como los de la tercera.

Naturalmente, animalistas y ecologistas profundos calificarán esta posición de «especista», de privilegiar a la especie humana frente a las demás en el trato moral que hay que dispensarle. Pero ese calificativo me parece totalmente falaz: reconocer que hay una diversidad de seres y que esa diversidad requiere un diferente trato moral, de forma que debemos proteger los derechos de los que los tienen y cuidar a los que no los tienen, pero son valiosos, no supone incurrir en ningún tipo de «ismo», sino tener capacidad de discernir.

Y es que, a mi juicio, quienes hablan de derechos de los animales y de la Tierra utilizan ese lenguaje sobre todo por dos razones: porque saben que tiene una gran fuerza emotiva, que resulta contundente y por eso sirve para movilizar; y porque parece que la única forma de obligar a las personas a respetar a cualesquiera seres es alegar que tienen derechos. Ése parece ser el único modo de obligar a recogerlos en códigos que pueden imponerse mediante coacción.

Pero, justamente, esto es lo contrario de lo que dice defender el Paradigma Ecológico que está en el origen de todos estos movimientos, porque ese paradigma dice tener por base el valor intrínseco de la Tierra y de la naturaleza. Ante semejante valor —prosiguen— es necesario sustituir la ética de los *derechos* y los *deberes*, propia de las éticas que se han ocupado de las relaciones entre los seres humanos, por una ética de *actitudes*: por la actitud de respeto ante lo *valioso y vulnerable*, como es el caso de la Tierra.

Sin duda en el seno de los movimientos ecologistas existe una gran heterogeneidad. Algunos se contentan con exigir un desarrollo sostenible en nuestra relación con la naturaleza, para beneficiar a las generaciones futuras, o al menos para no perjudicarlas, entendiendo por «desarrollo sostenible» el intento de compatibilizar la producción de alimentos con la conservación de los ecosistemas, como única forma de asegurar la supervivencia y el bienestar de las generaciones futuras. Otros, por el contrario, van más allá y proponen un nuevo Paradigma Ecológico, que sustituiría al antropocéntrico, preponderante en la tradición occidental, y también al animalista, que no considera ni a los vegetales ni al resto de la naturaleza.

Sus claves serían las siguientes: es preciso abordar los problemas de la naturaleza de forma global, y no de modo unilateral como hace el pensar tecnológico, porque hay interdependencia entre todos los lugares del planeta; el biocentrismo debe sustituir al antropocentrismo, que ha sido el núcleo de todas las éticas de la reciprocidad, ya que la naturaleza es valiosa por sí misma y no tiene sólo un valor instrumental; el marco de las éticas interpersonales debe ampliarse para integrar también las relaciones con las generaciones futuras, con los animales, las plantas y los seres inanimados, más allá de los límites de la reciprocidad; el desarrollo sostenible a escala global requiere una educación orientada al respeto por la vida, una moral de actitudes, y no una ética de los derechos y los deberes, fundada en la idea de obligación; es preciso promover el «yo ecológico» de las personas, y no sólo el «yo social»; y es necesario crear la comunidad biótica, no sólo la comunidad política.

El mejor camino para encarnar este Paradigma Biocéntrico consistiría en educar a los jóvenes para que se sientan inclinados a respetar la naturaleza por su valor mismo, por la alegría y el gozo que produce salvaguardar aquello a lo que se tiene un aprecio profundo. Las personas, entonces, estarían dispuestas a defender su «yo ecológico» y no sólo su «yo social», y se ocuparían de la Tierra por inclinación natural, y no sólo por deber moral. Todo ello exigiría transitar de las éticas de derechos y deberes, nacidas de un contrato entre iguales, a una ética de la responsabilidad y del cuidado de la Tierra.

Afirmaciones estas en las que estoy en parte de acuerdo, porque nos movemos en un mundo de seres valiosos y vulnerables y bueno sería educar en el respeto y el cuidado, aunque esos seres no puedan tener conciencia de derechos ni de deberes y por eso no se pueda decir que tienen derechos. Pero también se debe enseñar a priorizar, a recordar cómo las exigencias de justicia que plantean los seres humanos están dolorosamente bajo mínimos. Cumplir los Objetivos de Desarrollo del Milenio, que se propusieron en 2000, proteger los derechos de los seres humanos es, a mi juicio, una tarea prioritaria.

5. La sabiduría de la madre naturaleza

¿Sirve para algo la ética del cuidado? Ésta era la gran pregunta de nuestro libro y aquí la respuesta no puede ser más sencilla. La moral del cuidado sirve al niño para sobrevivir y crecer en ese largo periodo de tiempo en que no puede valerse por sí mismo, y necesita alimento, protección frente a los posibles daños, cobijo, ropa y una gran cantidad de cariño para poder ir desarrollándose adecuadamente. Nacemos indefensos, vulnerables y dependientes, y sin el cuidado ajeno ni siquiera podemos sobrevivir físicamente, no digamos personalmente, es decir, de modo íntegro.[15] Somos seres dependientes del cuidado de los padres y del resto del grupo, y no porque hayamos sellado con ellos un pacto voluntariamente, sino «por naturaleza».

Conquistar la autonomía es una tarea moral de la que hablaremos en este libro, pero biológicamente somos seres vinculados a nuestros antecesores por nuestra radical vulnerabilidad, y a aquellos de los que debemos cuidarnos, por el compromiso. Nos configura la necesidad de pertenecer al grupo del que dependen nuestra supervivencia y nuestro bienestar.

No existe, pues, el individuo aislado, sino la persona vinculada a padres, parientes, amigos y al entorno social, por lazos de parentesco, amistad o pertenencia a una sociedad determinada.

Pero también la ética del cuidado «sirve» a los cuidadores, a quienes están biológicamente comprometidos a cuidar de otros, porque experimentan el goce de tenerlos cerca, velar por ellos, cuidar de su bienandaza, vivir la vida de un modo radical en el miedo a su sufrimiento, el gusto del vínculo compartido, la felicidad de sentirles a cubierto de posibles peligros. Y este goce se extiende cada vez más a los hijos de los hijos, a los nietos, en una humanidad avejentada que ha puesto en manos de los abuelos buena parte de la tarea de velar por los niños. Cuidarlos mientras los padres van a trabajar o a disfrutar con los amigos, acompañarles a la escuela por las mañanas e ir a recogerles por las tardes, contarles los cuentos de los Hermanos Grimm, de Andersen y Perrault, llevarles al cine y compartir con hijos y nietos la jubilación en tantos casos.

Es sabia la madre naturaleza —se dice— porque asegura la supervivencia y la reproducción con sus propios lazos, por eso los selecciona. Pero ¿aquí se acaba el vínculo entre los seres humanos? Proteger a los vulnerables que nos están encomendados es una de las claves de la felicidad, el egoísmo individualista es suicida, pero ¿quiénes nos están encomendados?

Biológicamente, nos están «encomendados» los hijos, las parejas, tal vez los parientes. Pero no parece que en línea ascendente, sino descendente, por eso tal vez no existe en las Tablas de la Ley que dio Yahvé a Moisés en el Monte Sinaí ningún mandamiento que ordene «¡Cuidarás a tus hijos e hijas!», mientras que sí existe «¡Honrarás a tu padre y a tu madre!», e incluso es el primero de los mandamientos de la segunda tabla, aquella que hace referencia a los deberes para con los demás seres humanos. Sin embargo, tenemos la capacidad de extender el cuidado más allá de la línea de los hijos y del parentesco, la capacidad de llegar a los lejanos en el espacio e incluso a los extraños.

Esta extensión nos lleva más allá de la madre naturaleza, nos lleva a lo que hemos venido bebiendo de las tradiciones culturales que nos han nutrido y que amplían el reducido vecindario de parientes e incluso amigos hacia un vecindario sin fronteras.

Sin embargo, la cuestión es complicada, porque parece que nuestro desvelo por otros, nuestra benevolencia hacia ellos, es un ave de vuelo corto, en ningún modo un vuelo de águila real. Esto es algo que sabemos por experiencia, pero que además confirman un buen número de estudios psicológicos basados en lo que se llama «dilemas personales e impersonales». Contar con algunos de ellos resulta muy ilustrativo.[16]

Imagine que va usted por una carretera con su coche nuevo y ve en la cuneta a un hombre herido, con las piernas ensangrentadas. Probablemente morirá si no le lleva a un hospital, pero, si le recoge, manchará el tapizado, que le ha costado 1.000 euros. ¿Qué debería usted hacer moralmente? La mayor parte de los encuestados considera incorrecto preferir el tapizado y dejar al hombre que le necesita abandonado a su suerte.

Imagine ahora que recibe una carta de una organización internacional muy acreditada, en la que se le invita a dar 1.000 euros para salvar a un niño que vive en un país muy lejano y morirá si no le llegan los alimentos que podrán comprarse con ese dinero. Curiosamente, mucha gente, entre la que probablemente se encuentra usted, opina que no está mal no dar dinero en este caso. Sin duda se pueden dar razones, como que el dinero nunca llega a los desfavorecidos, porque se lo queda la organización o se lo apropian los gobernantes del país en cuestión, pero la verdad es que la organización goza de toda garantía, al menos de tanta como el hospital al que podríamos llevar al herido del dilema anterior. ¿Por qué nuestro juicio varía cuando la persona está junto a nosotros y cuando está lejos?

Un tercer dilema nos habla de Diana, que viaja en un tranvía que circula sin control.[17] El conductor ha perdido el conocimiento y el tranvía se dirige hacia cinco excursionistas que caminan por la vía sin percatarse de que el tren les va a atropellar. No podrían salir de la vía en cualquier caso, porque los márgenes son muy empinados. Diana puede conseguir que el tranvía se desvíe hacia la izquierda accionando una palanca que obra en su poder, pero en la vía de la izquierda hay un operario trabajando, que morirá si ella presiona la palanca.

En otro escenario —y éste es el cuarto dilema— Paco está en un viaducto situado sobre la vía del tranvía. Se acerca un tranvía descontrolado, tal vez porque el conductor se ha desvanecido. En la vía hay cinco personas que no podrán salir a tiempo. Junto a Paco hay una persona muy obesa, a la que puede empujar y arrojar a la vía, que quedará obturada en ese caso, evitando así que mueran las cinco personas, pero no la obesa, que será sacrificada para salvar a las otras cinco.

Una vez estudiadas las respuestas a estos dilemas, Marc D. Hauser asegura que, tras someter a la prueba a varios miles de sujetos, aproximadamente el 90 % dijo que era lícito que Diana accionara la palanca para salvar a los cinco excursionistas, sacrificando al operario, mientras que sólo un 10 % de los encuestados tuvo por lícito que Paco empujara a la persona obesa, aunque con ello murieran las otras cinco.[18] ¿Por qué los sujetos reaccionan de una forma distinta ante los dilemas personales y los impersonales? ¿Por qué es tan certero el dicho «ojos que no ven, corazón que no siente»? En este punto es célebre el trabajo de Greene, que consiste en escanear la actividad cerebral de los sujetos mientras leen dilemas como los mencionados y llega a conclusiones valiosas.[19]

En principio, ante los dilemas personales los sujetos emplean bastante tiempo en pensar si creen que es lícito perjudicar directamente a una persona, aunque sea para salvar a otras cinco. Si llegan a la conclusión de que no se debe hacer, lo más frecuente es que respondan rápidamente, aunque algunas veces tomen tiempo. Esto muestra que entender que es lícito dañar a alguien personalmente es pensar a contracorriente y por eso se necesita tiempo para adquirir la confianza de que el juicio es correcto. Ante los dilemas morales personales los sujetos invertían casi 7 segundos en preparar la respuesta, y entre 4 y 5 en los casos impersonales o no morales. ¿Qué ocurre en el cerebro de cada sujeto mientras valora una situación y responde?

Las técnicas de neuroimagen permiten apreciar que en las situaciones morales personales las imágenes cerebrales revelan una gran actividad en zonas que desempeñan un papel crucial en el procesamiento de las emociones, un circuito que va aproximadamente desde el lóbulo frontal hasta el sistema límbico, los juicios sobre dilemas morales personales implican una mayor actividad en las áreas cerebrales asociadas con la emoción y la cognición social. ¿Cuál es la razón de que suceda así?

Según un buen número de autores, parte de la respuesta podría encontrarse en los códigos de funcionamiento más primitivos de nuestro cerebro, adquiridos a lo largo de la evolución.[20] Estos códigos, que son fundamentalmente emocionales, se establecieron en poblaciones muy pequeñas, en las que eran necesarios para la supervivencia, en el sentido de la ayuda mutua. En el origen evolutivo de las relaciones sociales y durante la construcción del cerebro humano los hombres vivían juntos en pequeños grupos homogéneos de raza y costumbres, que nunca sobrepasaron los 130 individuos. En los millones de años que dura la hominización la homogeneidad y cohesión social han tenido un gran valor de supervivencia. De ahí que cuando hay cercanía física se activen los códigos morales emocionales de supervivencia profundos, mientras que, si no la hay, se activan otros códigos cognitivos más fríos, más alejados del sentido inmediato de supervivencia. Por eso nos afecta emocionalmente la situación de la gente necesitada y cercana, cosa que no ocurre con las gentes necesitadas que no conocemos.

¿Aquí se acaba entonces el mandato biológico de cuidar, en el cuidado de los biológicamente cercanos?

Es muy posible, pero si no hay nada más, entonces no hay forma de criticar la corrupción ni el nepotismo porque, a fin de cuentas, quienes los practican velan por los que les son cercanos y se desentienden de los lejanos en el tiempo o en el afecto. De ello nos ocupamos en el próximo capítulo, pero, por ir cerrando éste diremos que las personas tienen la capacidad de querer cuidar, y no sólo a los cercanos, sino también a los lejanos, a los que no van a reforzar el propio patrimonio genético, pero son de alguna forma cosa mía. Aquí el cuidado se convierte resueltamente en responsabilidad cordialmente asumida, en querer cuidar para hacerse corresponsable del bienestar y el bienser de otros.

6. Crear un nuevo vecindario

En un momento de su libro *La idea de la justicia* el Premio Nobel de Economía de 1998 Amartya Sen, preocupado por la posibilidad de sentar las bases de una justicia global, que necesariamente tiene que traspasar las fronteras de los vecindarios cerrados, recurre a una historia, a la parábola del buen samaritano, tal como la relata el evangelio de San Lucas.[21] Un doctor de la ley, deseoso de hacer caer a Jesús en una trampa, le pregunta qué debe hacer para tener vida eterna, y Jesús le responde hábilmente con otra pregunta: ¿qué dice la Ley? El legista se ve obligado a contestar «Amarás al Señor tu Dios con todo tu corazón, con toda tu alma, con todas tus fuerzas y con toda tu mente; y a tu prójimo como a ti mismo». Jesús alaba lo apropiado de la respuesta y le invita a seguir el doble mandato, pero el doctor, consciente de que está quedando muy mal por preguntar semejante obviedad, plantea una nueva pregunta, que esta vez sí parece de difícil respuesta: ¿Y quién es mi prójimo? Ante la pregunta Jesús cuenta una historia, la que ha venido a convertirse en parábola para crear vecindarios nuevos. El relato dice así:

> Bajaba un hombre de Jerusalén a Jericó y lo asaltaron unos bandidos; lo desnudaron, lo molieron a palos y se marcharon dejándolo medio muerto. Casualmente, bajaba un sacerdote por aquel camino, y al verlo, dio un rodeo y pasó de largo. Lo mismo hizo un levita que pasaba por aquel sitio, al verlo dio un rodeo y pasó de largo. Pero un samaritano, que iba de camino, llegó junto a él y al verlo, tuvo compasión; se acercó a él y le vendó las heridas echándoles aceite y vino; luego lo montó en su propia cabalgadura, lo llevó a una posada y cuidó de él. Al día siguiente sacando dos denarios y, dándoselos al posadero, le dijo: «Cuida de él y, si gastas algo de más, te lo pagaré a la vuelta».
> ¿Quién de estos tres te parece que se hizo prójimo del que cayó en manos de los bandidos?
> El letrado contestó:
> —El que tuvo compasión de él.
> Jesús le dijo:
> —Pues anda, haz tú lo mismo.[22]

Tres hombres bajaban por el camino, biológicamente pertrechados para cuidar a sus seres cercanos, dos de ellos, el sacerdote y el levita, culturalmente preparados para atender a quien lo necesitara, pero fue el tercero, el samaritano, nacido en un pueblo enemigo del judío, el que tuvo compasión del herido y se aproximó a él. Fue el prójimo, no porque estuviera cerca, sino porque se acercó y cuidó de él. Haciéndolo creó un nuevo vecindario.

* * *

¿Para qué sirve la ética? Para recordar que los seres humanos necesitamos ser cuidados para sobrevivir y que estamos hechos para cuidar de los cercanos, pero también para recordar que tenemos la capacidad de llegar hasta los lejanos, creando vecindarios nuevos. Para eso hace falta no sólo poder, sino también querer hacerlo.

Notas

1. Ésta es la tesis fundamental de Patricia S. Churchland en *El cerebro moral* (Paidós, Barcelona, 2012), que parece razonablemente confirmada. Su hipótesis es que el vínculo, subrayado por la tristeza de la separación y el placer de la compañía, y gestionado por el circuito neuronal y sustancias neuroquímicas, es la plataforma neuronal de la moralidad. Con el término «vínculo» se refiere al endocrinológico, a las disposiciones a extender el cuidado a otros, querer estar con ellos y entristecerse por la separación. Este punto, a mi juicio, es muy acertado, pero del resto de la construcción teórica de Churchland discrepo sustancialmente. Para una excelente explicación de la teoría y el hecho de la evolución ver Francisco J. Ayala, *¿Soy un mono?*, Ariel, Barcelona, 2011. Para la aplicación a la ética ver Scout M. James, *An Introduction to Evolutionary Ethics*, Wiley-Blackwell, Oxford, 2011.

2. Mario Vargas Llosa, *La fiesta del chivo*, Alfaguara, Madrid, 2000, p. 436.

3. William Shakespeare, *La Tragedia de Macbeth*, en *Obras Completas*, Aguilar, Madrid, p. 1616; *La Tercera Parte del Rey Enrique VI*, o. c., 730.

4. Cayo Julio Higinio, esclavo manumitido por César Augusto y, por tanto, liberto, fue director, entre otras, de la Biblioteca Palatina, en Roma. En la obra *Fabulae seu Genealogiae* se encuentra la célebre fábula de Cuidado (nº 220). Higinio vivió entre el 64 a.C. y el 17 d.C.

5. Leonardo Boff, *El cuidado necesario*, Trotta, Madrid, 2012.

6. Martin Heidegger, *Ser y Tiempo*, parágrafos 41 y ss.

7. Es curioso que el término «sostenibilidad» se tome del campo económico y que lo introdujera Carl von Carlowitz en 1713, en *De Sylvicultura oeconomica* (ver M. Novo, *El desarrollo sostenible*, Pearson/UNESCO, Madrid, pp. 152-153).

8. Leonardo Boff, o. c., p. 15.

9. En 1991 el Programa de Naciones Unidas para el Medio Ambiente (PNUMA), el Fondo Mundial para la Naturaleza (WWF) y la Unión Internacional para la Conservación de la Naturaleza (UICN) elaboran una estrategia para el futuro del planeta bajo el lema *Cuidando la Tierra*. Su desarrollo lleva a la *Carta de la Tierra*.

10. Lawrence Kohlberg, *Psicología del desarrollo moral*, Desclée de Brouwer, Bilbao, 1992; Vicent Gozálvez, *Inteligencia moral*, Desclée de Brouwer, Bilbao, 2000.

11. Carol Gilligan, *La moral y la teoría*, FCE, México, 1985.

12. Adela Cortina, *Ética sin moral*, Tecnos, Madrid, 1990, cap. 11; *Alianza y contrato*, Trotta, Madrid, pp. 38-41.

13. Hans Jonas, *El principio de responsabilidad*, Círculo de Lectores, Barcelona, 1992.

14. Adela Cortina, *Las fronteras de la persona. El valor de los animales, la dignidad de los humanos*, Taurus, Madrid, 2009.

15. Alasdair MacIntyre, *Animales racionales y dependientes*, Paidós, Barcelona, 2001.

16. Adela Cortina, *Neuroética y neuropolítica*, Tecnos, Madrid, 2011, pp. 65-72.

17. Philippa Foot, «The problem of abortion and the doctrine of double effect», *Oxford Review*, nº 5 (1967), pp. 5-15; Marc D. Hauser, *La mente moral*, Paidós, Barcelonas, 2008, pp. 148 y 149.

18. Marc D. Hauser, *ibid.*, p. 163.

19. Joshua D. Greene et alii, «An fMRI Investigation of Emotional Engagement in Moral Judgement», *Science*, vol. 293 (2001), pp. 2105-2108.

20. Ver, por ejemplo, Joshua D. Greene, «Del 'es' neuronal al 'debe' moral: ¿cuáles son las implicaciones morales de la psicología moral neurocientífica?», en Adela Cortina (ed.), *Guía Comares de Neurofilosofía Práctica*, Comares, Granada, 2012, pp. 149-158; Michael S. Gazzaniga, *El cerebro ético*, Paidós, Barcelona, 2006, pp. 172 y 173; Francisco Mora, *Neurocultura*, Alianza, Madrid, 2007, pp. 79 y ss.

21. Amartya Sen, *La idea de la justicia*, Taurus, Madrid, 2010, pp. 201-203.

22. Lucas, 10, 30-37. *Nueva Biblia Española*, Cristiandad, Madrid, 1975, pp. 1614 y 1615.

4

TRANSITAR DEL EGOÍSMO ESTÚPIDO A LA COOPERACIÓN INTELIGENTE

1. Es suicida granjearse enemigos

Juan es afable, cariñoso, dispuesto siempre a hacer un favor. Excepto en una ocasión, cuando se pone a jugar al parchís. En esos casos el doctor Jekyll, profesional y bondadoso, se transforma en un odioso señor Hyde, empeñado en ganar la partida pero, sobre todo, en matar las fichas de los demás. En cuanto puede eliminar a una pobre ficha que acaba de estrenarse en el tablero gracias a un afortunado cinco, o ve la ocasión de matar a otra al contar los veinte espacios conquistados por haber matado a una anterior, se le iluminan los ojos, se ríe sin recato alguno, y dice triunfante: ¡a casa!

Y esto le ocurre con todos, con su mujer, sus hijos, sus amigos, no perdona a nadie, el parchís los transforma en enemigos a los que hay que abatir. ¿Gana todas las partidas con este procedimiento?

Unas veces sí y otras, no, porque en el parchís intervienen tanto los dados y tan poco las estrategias de los jugadores que apenas hay espacio para la venganza. Pero si lo hubiera, Juan no ganaría ni una sola partida, porque lo que consigue siempre es generar tal animadversión entre sus compañeros de juego que lo único que quieren es acabar con él. También ganar, pero eso acaba siendo secundario, lo más importante para todos es matarle fichas, mandarlas de vuelta a casa y a poder ser en el momento en que están a punto de entrar en la meta. El ansia común de venganza planea sobre el tablero, granjearse enemigos no parece inteligente.

Claro que con el parchís sólo se trata de un juego. Pero ¿qué pasa cuando lo que está en el tablero no son fichas, sino la vida de las personas, su salud, su educación, sus bienes, su futuro?

El desastre de las Torres Gemelas hizo caer en la cuenta a los estadounidenses de que no despertaban el amor universal que creían. Una encuesta mundial puso sobre el tapete que muchos de los débiles estaban cansados de su actitud prepotente, de ese constante dar lecciones de democracia a diestro y siniestro, como si en todas partes no hubiera cien leguas de mal camino. Al fin y a la postre todos somos vulnerables, la interdependencia nos constituye y más vale sembrar amigos que enemigos, aliados que envidiosos y adversarios, cooperar que buscar el conflicto. Es una cuestión de prudencia, la más apreciada de las virtudes en el mundo griego.

Es prudente aquel que sabe lo que le conviene, y no sólo en un aspecto de su vida, sino en el conjunto de ella, ni tampoco sólo en el corto plazo, sino en el medio y en el largo. El que no se ofusca por ganar y mostrar su fuerza o su habilidad derrotando a todos, sino el que ejerce la virtud de saber dar y recibir cuando conviene, granjearse amigos y no enemigos, aliados y no adversarios. Porque las gentes toman nota, y pueden vengarse o romper la baraja.

Esta constatación de sentido común, que puede hacer cualquiera con un poco de seso, tiene al parecer bases biológicas. Resulta ser que la madre naturaleza no sólo nos ha preparado para cuidar de nosotros mismos y de otros, sino también para cooperar con aquellos a los que necesitamos para sobrevivir y, sobre todo, para vivir bien. Porque a los seres humanos no nos basta con sobrevivir mal que bien, a lo que aspiramos es a vivir bien. Por eso nos interesa prolongar nuestra vida, siempre que tenga calidad.

2. Los chimpancés son maximizadores racionales

Hay una historia bien conocida de un anciano académico que tenía por principio asistir a los funerales de los colegas, porque «si no, no vendrán al mío». Este chiste revela un extendido rasgo humano: hagamos lo que hagamos, esperamos algún retorno. La reciprocación es la base de la cooperación.[1]

Son dos biólogos matemáticos, Martin Nowak y Karl Sigmund, quienes cuentan esta anécdota para caracterizar la esencia de lo que llaman el «hombre reciprocador», ese hombre gracias al cual existen juegos cooperativos. Los seres humanos no sólo estamos preparados para cuidar, también lo estamos para cooperar.

En efecto, suele distinguirse en la teoría de juegos al menos entre dos tipos, los juegos de suma negativa o suma cero, es decir, aquellos en los que lo que unos ganan lo pierden los otros, de modo que el resultado es cero, y los juegos de suma positiva, a saber, aquellos en que todos pueden ganar. El parchís es un juego de suma cero, como el fútbol, el tenis y la mayoría de los deportes competitivos.

Una excepción en este entorno parecen presentarla las elecciones democráticas, que en principio deberían ser juegos de suma cero, porque los escaños que ganan unos los pierden otros, pero, milagrosamente, al día siguiente de las votaciones la ciudadanía contempla, estupefacta, que todos han salido ganando, y experimenta una vez más el asombro ante el poder de las interpretaciones con que se relatan los hechos. Las cifras contantes y sonantes, convenientemente interpretadas, dan para todos los gustos, no digamos los hechos de la vida cotidiana.

Pero excepciones aparte, parece que es en los juegos de suma positiva donde todos pueden ganar, y bajo esta rúbrica se sitúan todos los juegos cooperativos. En ellos todos los jugadores pueden ganar con tal de que cooperen adecuadamente. Pero además tienen una ganancia asegurada porque, sea cual sea el resultado del juego, los que intervienen en él han generado confianza mutua, armonía, vínculos de amistad y crédito mutuo, eso que se llama «capital social» y que les invita a seguir cooperando en juegos posteriores. Naturalmente, parece mucho más racional embarcarse en este tipo de juegos que en los otros, en los que viven del conflicto y la enemistad.

Es verdad que habitualmente los economistas han interpretado la actividad económica como si sus protagonistas fueran hombres dotados de una racionalidad maximizadora, que trata de sacar la máxima ganancia a toda costa, cosa que cuadra muy bien con los juegos de suma cero. Y como sucede que durante mucho tiempo la racionalidad económica se ha considerado como el modelo de racionalidad humana, nos hemos acostumbrado a creer que actuar racionalmente significa tratar de maximizar el beneficio sin más, a cualquier precio.

Pero las cosas no son así. No lo son en el mundo humano en general, pero tampoco en la economía, porque una gran parte de los juegos que jugamos los seres humanos en la vida real son los cooperativos, y en ellos los jugadores no aspiran a obtener el máximo, caiga quien caiga, sino que están dispuestos a contentarse con la segunda o la tercera opción más deseable para todos. Uniendo fuerzas se consigue algo bueno y además se crea algo tan deseable para el futuro como los vínculos de cooperación, que son sumamente rentables a medio y largo plazo.

La figura del *homo oeconomicus*, maximizador de su ganancia, no sirve para explicar este tipo de juegos, debe ser sustituida, también en economía, por el «*homo reciprocans*», por un hombre capaz de dar y recibir, capaz de reciprocar, capaz de cooperar, y que además se mueve también por instintos y emociones, y no sólo por el cálculo de la máxima utilidad.[2]

Un ejemplo es el célebre juego del ultimátum. En él un jugador, al que llamaremos el «proponente», cuenta con un determinado lote de créditos y tiene que dar una parte a otro jugador, el «respondente», que puede aceptar la oferta o no. Si acepta, ganan los dos lo que han convenido; en caso contrario, ninguno gana nada. Si fuera verdad que la racionalidad humana es la que trata de maximizar el beneficio, los respondentes racionales deberían aceptar cualquier oferta que fuera superior a cero, porque más vale tener algo que no tener nada. Y, por su parte, el proponente racional debería ofrecer la cantidad más cercana posible al cero para ganar más. Pero resulta ser que no es ése el desarrollo del juego, sino que los respondentes tienden a rechazar ofertas inferiores al 30 % del total, porque prefieren no recibir nada a recibir una cantidad humillante. Si no es en una situación de miseria, en la que algo es mejor que nada, las gentes rechazan la humillación, y por eso los proponentes tienden a ofrecer del 40 al 50 % del total para poder ganar una parte y no quedarse sin nada.[3]

No conviene equivocarse en el juego de la vida. Sentimientos como el de justicia forman parte esencial incluso del quehacer económico, no digamos ya del quehacer ético, y quien lo ignora acaba haciendo pésimas jugadas.

Por si faltara poco, y para escarnio de quienes están empeñados en asegurar que la racionalidad humana consiste en maximizar el beneficio, sin tener en cuenta valores ni sentimientos, resulta ser que los que muestran ese tipo de racionalidad no son los seres humanos, sino los chimpancés. Ellos sí que son optimizadores racionales.

Así lo han mostrado experimentos en los que los chimpancés jugaban al juego del ultimátum, adaptado para ellos. Se ponían frente al primer jugador dos bandejas en las que el alimento estaba dividido previamente, una parte para él y otra para el segundo jugador. Por ejemplo, «ocho uvas para mí y dos para ti» contra «cinco para cada uno». El primer jugador tenía que empujar la bandeja tan lejos de sí como pudiera en la dirección del segundo, y éste tenía entonces la opción de cerrar el trato arrastrando hacia sí la bandeja o de no hacerlo. Los seres humanos rechazan la primera propuesta cuando la segunda es «cinco para cada uno». Pero los chimpancés no. Los «proponentes» casi siempre hacían propuestas egoístas, y los «respondentes» casi siempre aceptaban cualquier oferta que no fuera nula, lo cual indica que no actuaban de forma indiscriminada.[4]

Increíble, son los chimpancés los que maximizan el beneficio sin atender a más consideraciones, mientras que las personas se dan cuenta de que es más razonable hacer las propuestas que pueden ser aceptadas por todos. Buscar el beneficio mutuo es más razonable que empeñarse en el máximo, caiga quien caiga.

3. La ayuda mutua: preparados para cooperar

Cooperar es, pues, más inteligente que buscar conflictos tratando de maximizar ganancias, porque las personas estamos dispuestas a dar siempre que de alguna manera podamos recibir. Este descubrimiento ha venido a explicar al menos en parte lo que se ha llamado el *misterio del altruismo*, que tiene distintas formas.

El más difícil de explicar es el *altruismo biológico*, que se muestra en la conducta de algunos animales y en la de los seres humanos. Un individuo practica el altruismo biológico cuando invierte parte de sus recursos para favorecer la adaptación de otro. La selección natural no explica esta conducta altruista, que parece beneficiar al que recibe los recursos y perjudicar al que los da, porque el sujeto altruista a fin de cuentas disminuye su inversión en adaptación. Si tomamos en serio la selección natural, el proceso evolutivo debería barrer a los altruistas, a los que reducen su valor reproductivo invirtiendo en los demás, pero el altruismo biológico existe, y es un enigma desde el punto de vista de la adaptación, es uno de los grandes caballos de batalla, que pudo llevar a Darwin a retrasar la aparición de *El origen de las especies*.[5]

Los intentos de explicar este enigma se han sucedido, y uno de los más célebres es el que ofreció el biólogo evolutivo Hamilton.[6] Según él, el individuo altruista en realidad lo que intenta es proteger sus genes, sacrifica parte de sus recursos en beneficio de otros individuos que están vinculados con él genéticamente. Por lo tanto, los comportamientos que parecen altruistas en realidad son egoístas, favorecen al gen egoísta.

Con esta interpretación biológica en la mano, Hamilton se sintió con fuerzas para reformular en lenguaje genético una regla moral que está presente en todas las morales religiosas y seculares, y que ha sido, y sigue siendo, uno de los principios morales que ha producido mayor cantidad de reflexión y de bibliografía: la Regla de Oro. La Regla de Oro tiene dos variantes, una negativa y otra positiva. La primera dice: «no hagas a los demás lo que no quieras que te hagan a ti». Mientras que la fórmula positiva ordena: «Haz a los demás lo que quieras que te hagan a ti». Es ésta una regla altruista, porque tiene su punto de mira en los demás, y no en la propia persona que debe seguirla.

Evidentemente, la Regla de Oro ordena tener en cuenta a los otros, no favorecer al propio individuo, por eso parece ir en contra de la selección natural. Y aquí es donde Hamilton cree encontrar la solución al problema, y es que quien sigue la regla obtiene en realidad un beneficio genético, el altruismo biológico es egoísmo genético. De ahí que se considere autorizado para reformular la Regla de Oro en el sentido de la *Regla de Hamilton*, que dice así: «Obra con los demás según la medida en que compartan tus genes».

Esta regla no haría sino favorecer la propensión que los individuos tienen a cuidar de sus crías y de sus parientes genéticos, pero en último término favorecería a los propios genes. Que los padres se sacrifiquen por los hijos no sería, pues, ningún misterio desde el punto de vista de la biología, como ya comentamos.

Sin embargo, esta interpretación no resulta suficiente para explicar el misterio del altruismo biológico, porque hay acciones costosas para un individuo que traspasan la barrera del parentesco, ¿cómo dar razón de ellas? La respuesta más plausible, la que goza de un mayor éxito, es que los hombres y algunos animales tienen *la capacidad de dar con la expectativa de recibir*: hay acciones altruistas que no se explican por el parentesco, sino porque quien las realiza espera recibir. Estamos dispuestos a dar, a sacrificar parte de nuestras energías, siempre que de algún modo haya esperanza de recibir.

De nuevo los experimentos con monos y con seres humanos demuestran que, aunque los dos tienen esa capacidad, las diferencias entre ellos son grandes. Los monos intercambian favores, como quitarse mutuamente los piojos, pero siempre se limitan al intercambio de un solo favor, y además lo hacen dentro de un contexto determinado y con un lapso corto de tiempo para el intercambio. Por eso algunos autores hablan de que los animales practican lo que se ha llamado el *mutualismo por derivación*, para distinguirlo de la conducta típica de los hombres que descansa en la capacidad de reciprocar.[7] Los animales no parecen estar dispuestos a esperar que el favor se les devuelva a medio o largo plazo y además un favor de un tipo distinto al que recibieron. Por otra parte, como dice Tomasello, «nunca veréis a dos chimpancés llevando juntos un tronco», la capacidad de cooperar es propia de la especie humana.

En efecto, en el caso de las personas contamos con un mecanismo psicológico más complejo, que permite hablar de *reciprocidad*, con distintas fórmulas. Las más conocidas serían el *altruismo recíproco*, que es un tipo de conducta basado en el egoísmo, porque resulta rentable si se practica con aquellos que tienen capacidad de reciprocar, la *reciprocidad fuerte*, que consiste en la predisposición a cooperar con otros y castigar a quienes violan las normas de cooperación, con coste personal, aunque sea poco plausible esperar que dichos costes vayan a ser reembolsados por otros más adelante, y la *reciprocidad indirecta*, en virtud de la cual estamos dispuestos a dar con tal de que se nos devuelva más adelante, aunque sean otros quienes nos devuelvan.[8]

Estas formas de altruismo requieren que quienes las practican estén ya equipados con un bagaje psicológico de envergadura, compuesto al menos por las siguientes capacidades: cuantificar los costes de lo que se da y los beneficios que cabe esperar, recordar interacciones anteriores y calibrar si cabe confiar en obtener beneficios, reconocer la dependencia entre dar y recibir, calcular cuánto tardan en llegar los beneficios y estar dispuesto a aceptar el desfase entre el acto inicial de dar y el de recibir. Pero también otras tres capacidades esenciales, que dan al juego de la cooperación un carácter menos risueño de lo que parece a primera vista: la capacidad de detectar a los que violan las normas de la reciprocidad, la de descubrir la intención de quienes actúan, porque si no es imposible descubrir a los violadores, y la capacidad de castigar a esos que defraudan para disuadir de futuras infracciones.

Porque al comprobar que el juego de dar y recibir resulta beneficioso para el grupo y para los individuos que lo componen, este juego ha ido cristalizando en normas de reciprocidad que forman el esqueleto sobre el que se sustenta la encarnadura de una sociedad. Los miembros de esa sociedad se benefician de su adhesión a las normas locales y están dispuestos a castigar a los infractores, aunque al castigo se le pueda llamar «castigo altruista», porque resulta costoso a quien lo inflige y además no sabe si existirá la oportunidad de volver a ver a la persona implicada. No es una actitud egoísta, pero sí estratégica: consiste en cooperar con aquellos en quienes podemos confiar y castigar a los que defraudan.

Lo cual es buena muestra de que cuando hacemos algo esperamos retorno, la reciprocación es la base de la cooperación. Pero no siempre esperamos que nos devuelvan el favor los mismos a los que se lo hacemos, sino que bien pueden ser otros. El anciano académico no esperaba que asistieran a su funeral los mismos colegas a cuyo funeral asistía, evidentemente, sino otros distintos.

Sobre la base de estas investigaciones se ha llegado a decir que las personas somos una especie híbrida del *homo oeconomicus* y del *homo reciprocans*.[9] De hecho, esta conducta reciprocadora ha ido haciendo posible la selección de grupos a lo largo de la evolución, porque cuando un grupo adquiere un conjunto mayor y más estable de normas morales que sus vecinos vence en la competencia, de ahí la evolución selectiva. Con lo cual, aquellos grupos que son inteligentes tratan de reforzar sus lazos internos, construyen instituciones que garanticen que quienes den podrán recibir y que se castigará a los infractores, buscarán símbolos que les cohesionen, como una historia contada en un sentido determinado, un himno, una bandera, y todo ello favorecerá al grupo en su conjunto y a los individuos que lo componen.

Así se entiende que la evolución haya llevado a fijar la conducta cooperativa y altruista. De hecho, sobre esta base Brian Skyrms, especialista en teoría de juegos, propone una versión darwinista del imperativo categórico kantiano, que dice así: «Obra sólo de tal modo que, si los demás obraran como tú, se maximizaría tu capacidad adaptativa».[10] Ésta es la tradición del contrato social, pero también la de Kropotkin, el clásico del anarquismo, que en *Ayuda mutua: un factor de evolución* documenta con datos empíricos cómo la ayuda mutua es mejor factor de supervivencia que la competición.

Por eso decía Kant hace más de dos siglos, en su escrito sobre *La paz perpetua*, que hasta un pueblo de demonios, que son seres sin sensibilidad moral, preferiría formar un Estado de derecho, en el que los individuos son protegidos por las leyes, que quedar desamparados en un Estado sin leyes, en el que cualquiera les puede quitar la vida, la propiedad, la libertad de decidir el propio futuro. Pero, eso sí, Kant añadía que los demonios preferirían entrar en ese Estado y renunciar a la libertad sin leyes siempre que fueran inteligentes.[11] Pero si lo son, entonces sellan un contrato y entran a formar parte de un Estado de derecho, en el que están dispuestos a cumplir con sus deberes siempre que se les protejan sus derechos. Ése es el bien que se intercambia en ese tipo de Estado: cumplir con los deberes y las responsabilidades a cambio de ver protegidos los derechos.

Parece, pues, que las neurociencias y las restantes ciencias cognitivas dan la razón a la tradición contractualista: desde la época de los cazadores-recolectores el principio adaptativo ha ido acuñando ese cerebro contractualista, que nos lleva, no a buscar el mayor bien del mayor número, ni la promoción de los más aventajados, sino a sellar un pacto de ayuda mutua con todos aquellos que nos son necesarios para sobrevivir y prosperar.

4. El castigo guarda la viña

Sin embargo, parecemos estar olvidando algunas dimensiones en el juego de la cooperación que resultan imprescindibles para que funcione y son mucho menos risueñas de lo que venimos diciendo. En principio, el grupo se refuerza castigando a los que violan las normas, y eso exige establecer leyes bien claras que pongan coto a las conductas que perjudican al conjunto.

Mejor nos hubiera ido y nos iría en España si existieran leyes bien claras que condenaran sin ambages la corrupción, la mala gestión de los recursos públicos, el uso de bienes públicos con fines privados, que impidieran las cuantiosas indemnizaciones de quienes llevaron a las entidades financieras a pedir cantidades astronómicas para sanear sus cuentas, regularan la financiación transparente de los partidos, hicieran posible realmente la independencia de los tribunales de justicia. Es urgente propiciar una legislación clara y transparente que ponga límite a los daños que se causan a la sociedad y aumente la confianza.

Como también aclarar qué instituciones deben controlar el cumplimiento de las leyes y sobre todo controlar a los controladores, exigiendo responsabilidades y penalizando las infracciones. Leyes claras y controles pertenecen a la cultura de la obligación legal, que cuenta con la coacción y la sanción como palancas motivadoras: al menos, que el miedo guarde un poco la viña. Como bien decía Ortega, «la cultura es un acto de bondad más que de genio, y sólo hay riqueza en los países donde tres cuartas partes de los ciudadanos cumplen con su obligación».[12]

Esto es cierto, y lo mínimo que podrían hacer los poderes públicos, que tienen un especial deber de gestionar los recursos por bien de los ciudadanos, es cumplir con su obligación. Es un mínimo, no un máximo. Sin ese mínimo no hay Estado de derecho posible, sino lo que se ha llamado «familismo amoral» y nepotismo. Cada quien brega por los suyos y se olvida de la ciudadanía, volviendo en realidad a un Estado sin ley.

Pero, con ser esto cierto, no lo es menos que la pura coacción legal no basta para hacer eficaz una ley, para lograr efectivamente su cumplimiento, por dos razones, entre otras. Porque hecha la ley, hecha la trampa, es imposible eludir a los polizones que viajan en el tren del Estado sin pagar el precio del billete, y sobre todo porque en la cadena de controladores hay siempre un último punto que es incontrolable y depende ya de la convicción personal. Quien no respeta a los otros y a sí mismo, mal va a tomárselos en serio.

Y es verdad que los más avisados, los que cuentan con asesores de buen nivel, calculan cuánto se gana con la trampa y cuánto costaría la posible multa y toman la opción que consideran más rentable. No la más legal, sino la más rentable. Y los que tienen menos posibilidades de acceder a ese tipo de información o bien cumplen porque no hay más remedio, o bien siguen haciendo de la picaresca de baja intensidad una forma de vida. Que en España viene de muy antiguo, pero sigue siendo un rasgo del carácter en los estratos altos, medios y bajos, una triste herencia de nuestra cultura. El ejemplo más modesto es el de la inevitable pregunta ante cualquier servicio «¿con IVA o sin IVA?», que va subiendo de tono con los fondos de reptiles, los maletines sin los que no hay contrato pensable, o las connivencias entre los distintos poderes del Estado.

Las leyes y los controles, con ser imprescindibles, no bastan para conseguir que se cumplan las leyes de la cooperación, hace falta la convicción personal de que es preciso jugar honestamente a ese juego de suma positiva que resulta tanto más beneficioso para todos cuanto más gentes nos comprometamos con él. En eso es en lo que consiste convencerse moralmente de que vale la pena hacerlo y hay que hacerlo. Para eso también sirve la ética. Pero entonces se presenta el problema: ¿cómo se convence a la población de *asumir obligaciones moralmente*?

Uno de los caminos posibles, que cuenta con muchos defensores, consiste en castigar a los violadores con *la vergüenza social*. Es decir, de nuevo con la coacción, con el miedo, pero ahora no con el temor a los castigos legales, sino con el miedo al repudio de la sociedad. Los ciudadanos —se dice— deberían mostrar su rechazo abiertamente frente a ciertas conductas que consideran dañinas para la sociedad con acciones bien claras: difundir la noticia por las redes sociales, hacer notar en las calles y en los establecimientos públicos que esa persona no es bienvenida, abuchear o negar el saludo. Teniendo en cuenta que una de las más fuertes necesidades de una persona es la de ser acogida en el grupo, condenarle a la vergüenza social podría ser muy efectivo, y de hecho, es uno de los recursos que aparece en las novelas ejemplarizantes, cuando el autor quiere transmitir a sus lectores la moraleja de que quien mal anda, mal acaba, que donde no hay leyes que castiguen, está la sociedad para propinar su merecido al infractor.

De entre los centenares de ejemplos que existen en la literatura, es bien conocido el de *Las amistades peligrosas* de Choderlos de Laclos, que da fin a su novela dejando bien claro cómo todos los malvados resultan castigados, especialmente la señora de Merteuil, que ha traicionado la confianza de la señora de Volanges, pervirtiendo a la joven Cecilia Volanges, cuando la madre lo que le ha pedido es que le enseñe a vivir en un mundo social en el que es difícil desenvolverse. El castigo que la autora propina a la malvada señora de Merteuil, que ha provocado la ira de los lectores a lo largo del relato, es ejemplar:

> Cuando volvió anteayer del campo —cuenta a una amiga la madre de Cecilia—, la señora de Merteuil se apeó en el teatro italiano, donde tiene un palco; estaba sola en él, y lo que le debió parecer extraño es que ningún hombre entró a acompañarla en todo el tiempo que duró el espectáculo. A la salida, entró como acostumbra para esperar su coche en el saloncito que estaba ya lleno de gente. Al momento se levantó un rumor del que, según parece, no creyó ser la causa. Percibió un lugar vacío en uno de los bancos y fue a sentarse en él; pero todas las señoras, que estaban en aquel lado, se levantaron como de común acuerdo, y la dejaron enteramente sola. Este movimiento de indignación, tan visible, fue aplaudido por todos los hombres y aumentó el rumor, que al parecer llegó a ser casi griterío.[13]

La moraleja es bien clara, la sociedad tiene mecanismos para defenderse de los violadores que no están recogidos en ningún código de derecho, tiene el arma de la vergüenza social. Y un buen número de autores entiende que hoy en día debería aplicarse más, que los que gestionaron mal, los que se han quedado el dinero, los que tienen cuentas en paraísos fiscales, los defraudadores y tantos otros deberían experimentar en sus carnes el rechazo de la sociedad, a ver si aprenden y la inmoralidad disminuye.

A mi juicio, sin embargo, más vale establecer leyes bien claras y conseguir que los jueces las apliquen con equidad, cosa que no ocurre. La vergüenza social es un recurso muy peligroso, porque cada época y cada grupo social consideran «dañinas para la sociedad» cosas muy distintas, y demasiada experiencia histórica tenemos de lo que han sufrido los discapacitados, los leprosos, los enfermos mentales, las madres solteras, los homosexuales o los creyentes de una religión distinta a la del grupo por esa malhadada vergüenza social que los mejor situados se creían autorizados a propinar. El juez que decide estos castigos, el grupo social, no ha sido elegido por nadie ni defiende tampoco una causa necesariamente noble.

En su libro *Lágrimas de algodón, de polvo y de silencio*, Jordi Sebastià y Jordi Pla, presentan el testimonio de un grupo de mujeres en la India que han tenido que hacer frente al estigma social de ser leprosas. Son historias de sufrimiento, ilustradas con fotografías que sumergen al lector en una realidad dolorosa. Esas mujeres saben que su comunidad no las va a aceptar, que su futuro no va más allá de pedir limosna por las calles y de vivir en un suburbio «de leprosos» mientras su cuerpo se consume en un mar de llagas. Para sus familias es una vergüenza tener una hija leprosa y la expulsan de casa en cuanto la enfermedad apunta, porque creen que lleva en su entraña una maldición.

Ciertamente, no es así, la lepra no conlleva maldición alguna. Por si faltara poco, apenas es contagiosa y tiene curación con un tratamiento sencillo y nada costoso. Pero tiene que detectarse a tiempo y el tratamiento debe aplicarse durante el tiempo necesario, a veces hasta cuatro meses.[14] Todo ello se hace prácticamente imposible cuando la enfermedad se vive como una vergüenza social.

En otro lugar de la tierra, en Kabul, una mujer, Yasmín, se ha visto obligada a escapar de casa, tal vez por haber sufrido maltrato, tal vez por delitos sexuales, pero lo bien cierto es que se encuentra ahora en prisión. Asegura que al volver a casa cogerá un bote de pastillas y se quitará la vida, porque la familia no está dispuesta a soportar el descrédito social y rechaza a una hija que ha estado en prisión.

Ejemplos pueden aportarse a miles y, por si faltara poco, es ésta un arma que pueden utilizar gentes despreciables para desacreditar a sus competidores, a las personas a quienes envidian, y a sus adversarios. En un tiempo en que las redes sociales pueden destrozar la imagen de cualquier persona sin necesidad de pruebas, un instrumento como éste es totalmente desaconsejable para promover convicciones morales.

Un segundo camino para convencer a la población de asumir obligaciones moralmente es el recurso a lo que se ha llamado «mejora moral» con tratamientos biomédicos o genéticos. Si la moralidad humana tiene una base biológica, entonces algunos autores proponen mejorar la motivación moral con un tratamiento biomédico o genético, es decir, recurriendo a sustancias como la oxitocina, la serotonina o el ritalín, o interviniendo en el cerebro. Actuaciones como éstas permitirían, por ejemplo, fomentar nuestro sentido de la justicia y nuestra capacidad para el altruismo, complementando la propuesta que sigue teniendo más éxito, que es la educación.[15]

La tercera propuesta es la educación, evidentemente, pero no sólo el sistema educativo formal, sino sobre todo el modo como educan la familia, la escuela, los medios de comunicación, las actuaciones de los personajes públicos y significativos para los distintos grupos.

¿Comparten todos ellos la convicción de que hay que incorporar unos valores comunes? Posiblemente no, pero no se trata de hacer una encuesta de valores y de prescribir los que gocen de mayor aceptación, sino de averiguar cuáles son los mínimos éticos que comparten los grupos sociales que presentan éticas de máximos, es decir, la ética mínima de una sociedad pluralista y democrática.[16]

5. ¿Y QUÉ OCURRE CON LOS QUE PARECEN NO TENER NADA QUE OFRECER A CAMBIO?

Aprender a cooperar, a generar capital social, a pechar con las propias responsabilidades y a recibir los beneficios del trabajo común es recomendable para llevar una buena vida, para jugar al parchís de la existencia sin miedo a generar adversarios que sueñen con el propio fracaso y que procuren convertir su sueño en realidad. Apostar por la cooperación es prudente, lo querría hasta un pueblo de demonios con tal de que tuviera sentido común; cuánto más deberían quererlo los pueblos de personas que fueran medianamente inteligentes. Sin embargo, en este juego de toma y daca hay algunos límites que dejan cosas muy importantes fuera del tablero.

En principio, cada uno de los grupos que pretende prosperar en la lucha por la vida lleva incorporada internamente una gran tendencia al *conformismo*. Por una parte, porque las personas tendemos inconscientemente a imitar las conductas ajenas, pero también porque deseamos ser acogidas en el grupo. Y eso tiene al menos dos consecuencias.

La primera es que rara vez ejercemos la capacidad crítica, rara vez asumimos nuestro propio criterio y estamos dispuestos a poner en cuestión las normas y las actuaciones de nuestro grupo. Nuestras mentes son inconscientemente camaleónicas.

Y, en segundo lugar, que siempre dejamos grupos excluidos, los de aquellos que parecen no tener nada que ofrecer a cambio. En nuestro tiempo pueden ser los discapacitados psíquicos, los enfermos mentales, los pobres de solemnidad, los sin papeles, los sin amigos que tengan un cierto poder. En suma, los que no pueden devolver los bienes que se intercambian en cada grupo, que pueden ser favores, puestos de trabajo, plazas o dinero. Los que no están en condiciones de practicar el eterno «hoy por ti, mañana por mí».

Esto es lo perverso de fiarlo todo a los pactos, que generan siempre excluidos, porque el principio del Intercambio Infinito deja fuera a los que no parecen tener fichas con las que jugar, ni dados, ni cubilete.[17]

* * *

¿Para qué sirve la ética? Para recordar que es más prudente cooperar que buscar el máximo beneficio individual, caiga quien caiga, buscar aliados más que enemigos. Y que esto vale para las personas, para las organizaciones, para los pueblos y los países. Que el apoyo mutuo es más inteligente que intentar desalojar a los presuntos competidores en la lucha por la vida. Generar enemigos es suicida.

Notas

1. Martin A. Nowak and Karl Sigmund, «Shrewd Investments», *Science*, 288 (2000), p. 819.

2. *Ibid.*; Daniel Kahneman, *Pensar rápido, pensar despacio*, Debate, Madrid, 2012; Jesús Conill, «Neuroeconomía y Neuromarketing», en Adela Cortina (ed.), *Guía Comares de Filosofía Práctica*, Comares, Granada, 2012, pp. 39-64.

3. M.A. Nowak et alii, «Fairness versus reason in the Ultimatum Game», *Science*, 289 (2000), pp. 1773-1775. Muy similar al juego del ultimátum es el del dictador.

4. K. Jensen, J. Call y M. Tomasello, «Chimpanzees are rationalmaximizers in an ultimate game», *Science*, 318 (5847) (2007), pp. 107-109; Michael Tomasello, *¿Por qué cooperamos?*, Katz, Buenos Aires, 2010, pp. 56 y 57.

5. Camilo Cela y Francisco Ayala, *Senderos de la evolución humana*, Alianza, Madrid, 2001, pp. 517-538.

6. William D. Hamilton, «The evolution of altruistic behavior», *American Naturalist*, nº 97 (1964), pp. 354-356; «The genetic evolution of social behavior», *Journal of Theoretical Biology*, nº 7 (1964), pp. 1-52.

7. Marc D. Hauser, *La mente moral*, Paidós, Barcelona, 2008, pp. 112 y 453; Adela Cortina, *Neuroética y Neuropolítica*, Tecnos, Madrid, pp. 112-116.

8. R. L. Trivers, «Parental investment and sexual selection», en B. Campbell (comp.), *Sexual Selection and the Descent of Man*, Aldine Press, Chicago, 1972, pp. 136-179; «Parent-offspring conflict», *American Zoologist*, nº 14, 1974, pp. 249-264; Marc D. Hauser, *op. cit.*, p. 340.

9. Marc D. Hauser, *ibid*.

10. Brian Skyrms, *Evolution of the Social Contract*, Cambridge University Press, 1996, p. 62.

11. Immanuel Kant, *La paz perpetua*, Tecnos, Madrid, 1985, p. 38; Adela Cortina, *Hasta un pueblo de demonios*, Taurus, Madrid, 1998.

12. José Ortega y Gasset, *La cuestión moral, Obras Completas*, I, Taurus, Madrid, 2004, p. 211.

13. Choderlos de Laclos, *Las amistades peligrosas*, RBA, Barcelona, 2003, p. 424.

14. Jordi Sebastià y Jordi Pla, *Lágrimas de algodón, de polvo y de silencio. Testimonios de mujeres con lepra en India*, Fontilles, Valencia, 2013.

15. Julian Savulescu, *¿Decisiones peligrosas?*, Tecnos, Madrid, 2012.

16. Adela Cortina, *Ética mínima*, Tecnos, Madrid, 1986.

17. Adela Cortina, *Ética de la razón cordial*, Nobel, Oviedo, 2007.

5

CONQUISTAR SOLIDARIAMENTE LA LIBERTAD

> Quien pregunta «¿libertad, para qué?» es que ha nacido para servir.
>
> Alexis de Tocqueville

1. Mil soles espléndidos

Mil soles espléndidos, la novela de Khaled Hosseini, es una de las muchas narraciones de la historia humana sobre el descubrimiento y la conquista de la libertad, una tarea que no puede llevarse a cabo en solitario, sino codo a codo con quienes también la sueñan, sean o no conscientes de ese sueño.[1] Descubrimiento y conquista son dos caras de una misma moneda, bien difícil de adquirir en algunos casos, como muestra este relato sobrecogedor.

Mariam y Laila, dos mujeres afganas de muy desigual origen y posición social ven cruzarse sus destinos al casarse con Rashid, un individuo despreciable que las maltrata sin piedad, respaldado por el inmenso poder que pone en sus manos el régimen misógino de los talibanes. Las mujeres, atadas de pies y manos a la voluntad del varón, ni siquiera pueden salir a la calle sin su compañía, parece que su único futuro es obedecer. Pero las personas son seres sorprendentes, innovan, crean el amplio mundo de lo inesperado.

Enfrentada en un comienzo a Laila por los celos, porque es más joven y hermosa que ella, Mariam va cambiando de actitud al experimentar que es Laila la primera persona que la defiende frente a la arbitrariedad de Rashid, la primera persona a lo largo de su historia que la estima y apuesta por ella. A lo largo del relato, las dos mujeres se irán uniendo poco a poco para defenderse de Rashid y sobre todo para proteger a la pequeña Aziza, la hija de Laila, que no sólo es la esperanza de futuro, sino sobre todo una niña indefensa.

En un mundo sin libertad para las mujeres, son la resistencia solidaria y el proyecto de futuro los que hacen posible descubrirla y conquistarla, para ellas y para sus hijas e hijos.

El final de la novela es estremecedor, pero no es cosa aquí de desvelarlo, sino de recordar que la libertad es sin duda una de las claves de la ética. Por alcanzarla se han fraguado revoluciones, se han desencadenado movimientos empeñados en cambios radicales. Ha sido y es la inspiración de cuadros, novelas, poesías, sinfonías, canciones, y no sin razón.

Hablar de libertad es ir a la raíz de las personas, porque nos constituye como tales, vale porque podemos servirnos de ella para alcanzar las metas que nos proponemos y vale por sí misma. Como ocurre con el resto de los grandes valores, no vale porque la deseamos, sino que la deseamos porque vale.

Pero la libertad se dice de muchas maneras, es como un diamante con tal multitud de caras que resulta casi imposible contemplarlas todas. Empezaremos por hablar de aquellas que más aprecia ese mundo moderno que se inició hace al menos cinco siglos y que, curiosamente, sigue valorando como ninguna otra la libertad de poder actuar sin interferencias.

2. Cultivar el propio huerto y ayudar a cultivar los ajenos

La idea más elemental de libertad para el mundo moderno es la que nos remite a un ámbito en el que podemos actuar sin interferencias ajenas, un dominio propio —el mío— en el que hago y deshago sin que otros puedan intervenir.

Ese poder hacer sin interferencias es el ideal de libertad que ha triunfado desde el nacimiento de la Modernidad, sobrepasando con mucho en el ranking a esas otras formas de entender la libertad que son la posibilidad de participar en las decisiones de la sociedad en la que vivo, la de regirse personalmente por leyes propias o la de construir una sociedad sin dominación. De ellas hablaremos más adelante, ahora nos centraremos en esa idea de libertad que sigue triunfando en nuestro mundo, en el adulto y sobre todo en el joven, la libertad entendida como independencia frente a las órdenes de otros.

De mis años como profesora de instituto recuerdo claramente que ésa era una protesta recurrente en todos los cursos: no somos libres porque no podemos salir de casa cuando queremos, volver cuando nos apetece, ir y venir sin dar razón. Ahora las cosas han cambiado drásticamente, y son los padres los que no se atreven a fijar una hora de salida y de regreso, los que están ya derrotados de antemano, se sienten incapaces de poner límites sensatos y de pedir responsabilidad a sus hijos. Rarísimos son los padres que prohíben a los niños campar por sus respetos en las casas ajenas, ni siquiera ante la mirada aterrada de los dueños que ven cómo peligran el juego de café, la figura con un valor sentimental o la vitrina cuidada con tanto esmero. Con lo cual la convicción de que ser libre es hacer lo que me apetece, disfrutar de un terreno que yo cultivo y en el que no entran los demás, no ha hecho sino reforzarse.

Cuando lo bien cierto es que este hacer sin responsabilidades, sin mirar a quién se daña, no es libertad. Y no sólo porque las personas somos siempre con otras y desde nuestra relación con ellas, y es inhumano dejar de tener en cuenta a las demás, sino porque ni siquiera es esto lo que empezó a reivindicarse hace al menos cinco siglos, cuando fue naciendo con fuerza lo que se ha llamado la «libertad de los modernos».

Fue el politólogo Benjamin Constant quien dio este nombre a una manera de entender la libertad que triunfaba en el mundo moderno.[2] Como se ha dicho hasta la saciedad, es en ese mundo cuando se va tomando conciencia de que los individuos no se disuelven en la colectividad, sino que tienen derechos que la sociedad no puede desatender, sino que ha de respetarlos. Por eso se ha dicho que la Modernidad es la Era del Individuo, porque se piensa en ella que la sociedad ha de estar al servicio de los individuos que la forman. Una idea en parte desafortunada y en parte acertada.

Desafortunada, porque nunca puede perderse de vista que las personas no son individuos aislados, que deciden unirse o no, sino que somos desde el nacimiento seres vinculados a otros y sólo desde la vida compartida podemos desarrollarnos en plenitud. En este sentido, el invento del individualismo ha sido una pésima patraña, cuyas malas consecuencias seguimos arrastrando.

Pero también era sumamente acertado resaltar la importancia de las personas en sí mismas y su libertad para gozar de un espacio en que ni el Estado ni las demás personas pudieran interferir. Así nació la libertad de conciencia, en aquel mundo en que cada súbdito debía seguir la religión de su príncipe, como bien decía la expresión «*cuius regio eius religio»*. Con una larga historia que nace con los llamados «tratados de tolerancia», que piden tolerar a los que profesan una religión distinta de la propia, va naciendo esa libertad de profesar la religión en la que personalmente se crea, la libertad de forjarse la propia conciencia.

A ella se fueron uniendo la libertad de expresión, la de asociación, la libertad de reunión, la de desplazarse por un territorio, la de ser defendida por un letrado en caso de detención, y esa libertad que ha sido con el tiempo mucho más discutida, la libertad de disponer de una propiedad. Estas distintas libertades son distintos lados de lo que ha venido a reconocerse habitualmente como «libertad como independencia», en la medida en que permite a una persona tener una vida propia. Precisamente por eso han recibido el nombre de «libertades básicas» o «derechos civiles», porque si a alguna persona no se le reconocen ni se le respetan se le está privando de algo tan básico y tan importante para ella como formarse su conciencia, profesar la fe en la que crea, asociarse con las gentes con quien desee hacerlo, desplazarse o ser defendida.

Son libertades desconocidas para una buena parte de la humanidad, que han costado mucho de conquistar en los lugares en que las personas disfrutan de ellas, y, sin embargo, son irrenunciables. La ética sirve, entre otras cosas, para tomar buena nota de que pertenecen a cualquiera de los seres humanos, que forman parte de su bagaje y, por lo tanto, han de ser reconocidas a todos sin excepción.

Pero además sirve para percatarse de que la libertad como independencia se conquista, igual que las demás formas de libertad y que eso implica muchas cosas para incorporarla realmente. En principio, porque cada una de esas libertades lleva aparejada la responsabilidad de asumirlas en su buen sentido, no de darles cualquier contenido.

Para forjarse la propia conciencia es necesario buscar buena información, dialogar con otros que merecen confianza, tener la intención de acertar, no dejarse seducir por patrañas, forjarse un buen criterio para discernir entre lo verdadero y lo falso, entre lo justo y lo injusto. Y lo mismo ocurre con la libertad de expresión, que no significa patente de corso para desacreditar a personas por antipatías personales, difundir cualquier cosa boca a boca o por la red, aunque sea mentira. En un mundo de enredos generalizados en el que resulta casi imposible percibir el perfil de lo verdadero y lo justo, sin libertad de expresión responsable ni siquiera podemos saber dónde estamos. Pero además dañar a otros por pasar el rato o por perjudicarles es de canallas.

Tampoco estará de más aprender a hablar y escribir para poder expresar lo que se lleva dentro, no sea que en la vida corriente acabemos diciendo como en la escuela «me lo sé, pero no lo sé decir». Una incapacidad sobradamente extendida en todos los niveles sociales, desde el más visible al más oculto, y no por incapacidad genética, sino por esa falta de esfuerzo que lleva a ni siquiera saber expresarse. Con el mal hablar y el peor escribir generalizados la libertad de expresión está en riesgo.

Pero además este mundo de libertades, al que se ha dado el nombre genérico de «libertad como independencia», lleva aparejados otro tipo de compromisos cuando se entiende que somos unos con otros y conquistamos solidariamente la libertad. Cuando alguien exige este tipo de derechos está expresando a la vez que los exige para todos los seres humanos, de donde se sigue que no se puede exigir como humano un derecho que no se esté dispuesto a la vez a exigirlo con igual fuerza para cualquier otro. Lo cual implica comprometerse en la tarea de tratar de lograr esos mismos derechos para todos.

Reclamar es a la vez comprometerse.

3. ¿Es más feliz quien decide sobre su vida?

En los años ochenta del siglo pasado se desató una polémica en el ámbito de la filosofía moral y política, que enfrentó a dos movimientos, comunitaristas y liberales. Fue el filósofo Alasdair MacIntyre quien dio la voz de alarma en su célebre libro *Tras la virtud*, al acusar a los liberales, entre otras cosas, de construir su teoría moral y política sobre una ficción sin base real: la de que los seres humanos somos individuos aislados, sin lazos que nos liguen a una familia, un barrio, una patria, dueños de escoger la vida que queremos llevar adelante desde una libertad sin anclajes en el grupo al que pertenecemos. Potenciar la libertad sería entonces el proyecto más valorado por los liberales, convencidos de que las personas queremos sobre todo llevar las riendas de nuestras vidas, tenerlas en nuestras manos. Y no sólo por el valor mismo de la libertad, sino también porque es la única forma de poder elegir lo que nos conviene para ser felices.

Pero esto, según los comunitaristas, no es así. Ni siquiera es imprescindible para hacer buenas elecciones en casos tan importantes como el de la pareja con la que se quiere compartir la vida o la carrera que se desea estudiar. Y en este contexto de crítica comunitarista al liberalismo es en el que el sociólogo Daniel Bell cuenta una historia muy ilustrativa, la historia de A y B, a quienes vamos a llamar Juana y Rodolfo, para que tenga un cariz más humano.[3]

Juana, consciente desde la escuela de la importancia de organizarse un plan de vida, evalúa diversas opciones profesionales, valora los costes y beneficios de cada una de ellas y decide ser abogada mercantil. En consecuencia, elige un programa universitario acorde con su plan, establece contactos con gentes que pueden ayudarle a encontrar un buen bufete y, como es tenaz e inteligente, acaba consiguiendo sus propósitos. Una vez consolidado su trabajo, considera que ha llegado la hora de casarse y busca un muchacho guapo, inteligente, bien establecido en su profesión. Y nuevamente su mente calculadora lo consigue a través de un anuncio en el *New York Review of Books*.

Rodolfo, por su parte, está siempre en un mar de dudas. En la escuela no acaba de saber qué elegir hasta que su padre le presiona para que entre a trabajar como voluntario en un centro local que atiende a disminuidos. Como le queda tiempo libre, intenta entrar en alguna universidad, le admiten en una no muy buena y va haciendo cursos de diversas cosas, porque nunca sabe muy bien qué elegir. Por último hace un curso de fotografía y resulta ser que le gusta mucho. Encuentra trabajo como fotógrafo, pero ha de dejarlo un tiempo porque le reclutan para ir a la guerra. Por entonces conoce por casualidad a una mujer de la que se enamora locamente y se casa con ella.

La moraleja de la historia es clara: ¿es mejor la vida de Juana que la de Rodolfo?, ¿es tan importante elegir profesión, pareja, grupos de trabajo y ocio, o el hecho de poder elegir no garantiza una vida mejor? La respuesta de Bell es también clara, porque justamente lo que quiere mostrar con la doble historia es que la vida de una persona que planifica su presente y su futuro puede ser tan satisfactoria como la de otra que no lo hace, asumir lo que nos viene dado puede proporcionar el mismo bienestar.

Y es verdad en parte, pero sólo en parte, porque los personajes de Bell están muy sesgados. En realidad no está comparando la vida de una persona libre con la de otra que no lo es, sino la vida de una mujer segura de sí misma, calculadora, capaz de hacer el cálculo coste-beneficio y coste de oportunidad en sus elecciones, y un hombre dubitativo, con preferencias poco claras, que descubre lo que le gusta cuando lo experimenta. A los dos les sale bien, pero los dos podían haberse equivocado, porque elegimos en condiciones de incertidumbre la carrera, la pareja y tantas cosas más: la suerte tiene un papel indiscutible. Pero lo bien cierto es que los dos podían haber actuado de otra manera, tanto Juana, que fijaba planes claros con anterioridad, como Rodolfo, que asumía libremente lo que descubría como valioso. Lo importante es saber discernir qué podemos asumir como propio y qué resulta inaceptable, y tener las manos libres para poner por obra lo que queremos.

Mariam no eligió ser una hija ilegítima ni casarse con Raschid, tampoco Laila eligió que la guerra destrozara su casa y acabara con su familia, pero ninguna de las dos se conformó con la opresión y la humillación, ninguna de las dos se conformó con lo insoportable, sino que juntas descubrieron la posibilidad de una vida digna para ellas y para la pequeña Aziza. En las mismas circunstancias que ellas muchas mujeres y muchos varones se han conformado con lo que tienen, tratando de vivir lo mejor posible, y llevan en ocasiones una buena vida. Es lo que se ha llamado «preferencias adaptativas», adaptar las propias preferencias a lo que se puede conseguir en el contexto concreto en que se vive, convencerse de que las uvas están verdes si no es posible alcanzarlas, como le ocurre al zorro de la fábula, e incluso ignorar que existen.[4] Pero Mariam y Laila no se adaptaron a lo que había, sino que crearon un mundo nuevo para ellas y para sus sucesoras. Y no desde el cálculo coste-beneficio, sino desde esa razón cordial que entiende de justicia, de proyectos de vida digna de ser vivida.

Claro que la libertad no garantiza una buena vida, pero es difícil llamar «vida buena» a la vida de personas que ni siquiera pueden tener conciencia de ser tratadas injustamente, ni siquiera tienen la posibilidad de elegir algo distinto.

4. Participar, ¿para qué?

En noviembre de 2012 murió asesinada en Cuitzeo, en el estado mexicano de Michoacán, María Santos Gorrostieta, médico, con tres hijos, que había nacido sólo treinta y seis años antes. Según las noticias de la prensa, bandas criminales de la zona que venían cobrando impuestos a las gentes desde hacía siete años no soportaron su actitud ante la vida, se había convertido para ellos en un peligro y atentaron tres veces contra ella. En la segunda ocasión murió el esposo y María se presentó a las elecciones para alcalde en Tiquicheo de Nicolás Romero, ganó y ejerció de alcaldesa entre 2008 y 2011.

Las mafias de Tierra Caliente, con nombres al parecer tan extravagantes como la Familia Michoacana y los Caballeros Templarios, habían decidido amedrentarla con sus ataques, pero ella mostró un coraje extraordinario. «A pesar de mi propia seguridad y la de mi familia —declaró— tengo una responsabilidad con mi pueblo, con los niños, las mujeres, los ancianos y los hombres que se parten el alma todos los días sin descanso para procurarse un pedazo de pan [...]; no es posible que yo claudique cuando tengo tres hijos a los que tengo que educar con el ejemplo.»[5]

Hay vidas y palabras que no necesitan comentario, basta con contarlas, y ésta es una de ellas. Como en las viñetas de los chistes que se entienden sobradamente, el rótulo tiene que ser: «sin palabras».

Salvador Camarena, que desde México relató para *El País* el triste suceso, acababa su narración apuntando que el nuevo alcalde se había comprometido a encontrar a los asesinos y hacer justicia. Sin embargo, ponía punto final diciendo con amargura: «Hoy en Michoacán todo el mundo sabe que la justicia es un asunto para la otra vida. Y eso quizá».[6]

La lucha por la justicia ha ido a lo largo de la historia unida a la lucha por la libertad ajena y propia. Pero se ha llevado a cabo precisamente desde una apasionante forma de libertad, que no es sólo la independencia y el cultivo del propio huerto, sino, por el contrario, la libertad entendida como participación: es libre quien toma parte en las decisiones de la vida compartida, quien colabora activamente en ellas, quien aporta su granito de arena al quehacer común para que resulte lo mejor posible.

Puede ser una participación heroica, que las hay y muchas. Puede ser una participación cotidiana, que es la que pretenden asegurar las sociedades democráticas. Lo bien cierto es que sin esa forma de libertad, sin participación liberadora, los grupos que cooperan se convierten en mafias cerradas, en sectas que se ayudan internamente y destruyen a quienes no cumplen sus reglas. Siempre hay reglas, la clave es saber quién las pone, si un tirano, una o varias mafias, o los ciudadanos libres que construyen la vida conjunta de una sociedad.

La Familia Michoacana y los Caballeros Templarios son sin duda grupos de cooperación interna, que resisten frente a otros grupos en la lucha por la vida, como lo son el sinnúmero de sectas, mafias y cualesquiera grupos de poder a quienes nadie se lo ha entregado de forma legítima. Hay, pues, una cooperación constructora de humanidad y otra que la destruye. La participación igualitaria de los ciudadanos es imprescindible para acabar con las mafias, por eso son libres quienes toman parte en la vida común, participar es una forma de ser libre.

En la conferencia de Benjamin Constant que comentábamos antes, pronunciada poco después del estallido de la Revolución Francesa y que llevaba por título «De la libertad de los antiguos comparada con la de los modernos», aseguraba Constant con toda razón que en el mundo antiguo, concretamente en la Atenas de Pericles, la libertad que se apreciaba es la que se entendía como participación, el derecho a participar en los asuntos públicos, de modo que las decisiones de mi comunidad política no se toman a mis espaldas, sino que yo también participo en ellas. El ciudadano era en aquel tiempo y lugar quien tenía derecho a participar, en eso consistía su libertad.

Es verdad que la democracia griega del Siglo de Pericles se ha convertido en un mito que magnifica lo que fue una realidad más modesta. No parece que los ciudadanos se desvivieran por acudir a la colina del Pynx para participar en la Asamblea de tan buen grado, porque si el pueblo, el *dêmos*, ascendía en esa época a 30.000 o 40.000 personas, en el Pynx el número de asientos era de 18.000, y el quórum necesario para algunos objetivos era de 6.000, con lo cual cabe suponer que la asistencia no era masiva. Por otra parte, los presidentes de la Asamblea se veían obligados a inventar estratagemas para conseguir que los ciudadanos asistieran, recurriendo por fin a incentivos económicos. Al parecer, Agyrhius empezó a pagar un óbolo por la asistencia, Heraclidas, dos, Agyrhius de nuevo tres, y en la época de Aristóteles los ciudadanos cobraban seis óbolos por asistir a la Asamblea.[7]

En cualquier caso, nace aquí esa idea de libertad que la identifica con la participación en la cosa pública, una idea que queda descubierta desde entonces como una de las dimensiones de la libertad. Que, al parecer, más se aprecia cuanto menos se tiene, y que, en cuanto gozamos de ella, parece perder valor.

En un sentido bien modesto, es posible participar en muchas instancias: en el trabajo en barrios, en las universidades, hospitales, colegios profesionales, en organizaciones solidarias, en organizaciones empresariales, en las decisiones sobre el presupuesto participativo del propio pueblo o ciudad, en los procesos de deliberación pública, en comités y comisiones, en el AMPA del instituto o del colegio de los niños, en asociaciones lúdicas, cívicas o benéficas. Y, por supuesto, en las elecciones que se celebran de forma regular en los países democráticos.

No en todos los lugares de la tierra es posible ejercer este derecho a la participación, y es urgente defenderlo, porque no es lícito robar a las personas la posibilidad de tomar parte en las decisiones públicas, la posibilidad de influir en las decisiones que se toman en la vida compartida. No es legítimo hacer la vida común a sus espaldas.

En los últimos tiempos han aumentado entre nosotros afortunadamente el número de asociaciones y foros de la sociedad civil, empeñados en la tarea de elaborar informes y propuestas que permitan construir conjuntamente una realidad mejor, y en hacer llegar esas sugerencias al conjunto de la sociedad y a los poderes públicos; como crecen igualmente las posibilidades de decidir deliberativamente presupuestos participativos en los ayuntamientos; amén de la posibilidad de votar en distintas formas de comicios. Asumir esa forma de vida participativa es esencial. Como bien decía Constant al final de su conferencia, dirigiéndose a los ciudadanos del mundo moderno: no os conforméis con la libertad entendida como independencia, entregando a los políticos la libertad de decidir, porque, si hacéis dejación de ese derecho vuestro, puede llegar un día en que os arrebaten hasta la libertad de disponer de vuestro huerto. Y sobre todo porque los seres humanos tendemos a nuestro perfeccionamiento y es esa forma de libertad, la de participar, el medio más eficaz y más enérgico que nos haya dado el cielo para perfeccionarnos. «La libertad política engrandece el espíritu, al someter los más sagrados intereses al examen y estudio de todos los ciudadanos sin excepción, ennoblece sus pensamientos y establece entre todos una especie de igualdad intelectual que constituye la gloria y el poder de un pueblo.»[8] Articular, pues, esas dos formas de libertad es esencial para una sociedad que se quiera justa.

Pero también es verdad, aunque Constant no lo diga, que para que los ciudadanos se sientan invitados a ejercer su libertad política, es necesario que las instituciones de su país sean tales que esa participación sea significativa. Y demasiado a menudo la desafección nace y crece cuando las gentes se dan cuenta de que su participación resulta irrelevante en la política, en la universidad, en la escuela, en el hospital y en los más diversos ámbitos. En esos casos hay un déficit institucional que tiene que ser corregido.

5. El sueño de una sociedad sin humillación

En la *Fundamentación de la metafísica de las costumbres*, uno de los textos de ética que más bibliografía ha generado en la historia de Occidente, diseña Kant los trazos de lo que sería una sociedad sin humillación, y le da el nombre de «Reino de los Fines». En ese reino cada ser humano trataría a los demás y a sí mismo como un fin de todas las actividades, y no como un simple medio para otros fines distintos de su propio valor. Para llegar a esbozar los trazos de ese ideal se necesita, eso sí, haber reconocido que cada persona es valiosa por sí misma, que merece la pena respetarla y trabajar por ella sin esperar recompensas a cambio, porque aquello que tiene un valor interno es digno de respeto y empoderamiento.

Con esta forma de hablar entramos en el apasionante reino del valor, pero no del valor numérico, de las cuentas, de los ábacos, sino de aquello que es digno de ser estimado. Entramos en el reino maravilloso de esa capacidad humana de estimar que lleva a preferir unas cosas y desechar otras, a marcar una hoja de ruta en la que entran unas personas, unas actividades y quedan fuera aquellas a las que damos poco valor.

En sociedades como las nuestras, en las que todo está sometido al principio del intercambio, en el que podemos cambiar naranjas por manzanas directamente o a través del dinero, servicios, favores, trabajo, todo acaba teniendo un precio que le permite jugar en el mercado. Pero hay seres que no deben estar jamás en el mercado, seres a los que no se les puede fijar un valor de cambio, porque no hay nada equivalente por lo que podrían intercambiarse. Valen por sí mismos, no para otras cosas. Tienen dignidad, y no un simple precio.

Es verdad que todo necio confunde valor y precio. Es verdad que cínico es quien conoce el precio de todas las cosas y el valor de ninguna. Porque no es lo mismo el valor que el precio, aunque hayamos acabado creyéndolo así por esta obsesión de convertirlo todo en mercancía que puede intercambiarse por un precio, hasta las relaciones humanas. O, mejor, como decían los primeros representantes de la Escuela de Frankfurt, hemos abonado el triunfo de la razón instrumental, que lo convierte todo en medio para otras cosas, y ya no sabemos si es que hay algo que vale por sí mismo dando sentido a todo lo demás.

Hablaba Kant del sentimiento de respeto que las personas experimentamos ante nuestra capacidad de darnos a nosotros mismos nuestras propias leyes, que es a lo que llamamos «autonomía». La capacidad de no ser súbditos de otros, menos aún siervos o esclavos, la capacidad de tener leyes propias, que serían las de la humanidad. Y de esta experiencia del valor de las personas extraía el célebre mandato, que ha dado en llamarse el imperativo del Fin en sí mismo: «Obra de tal manera que trates a la humanidad, tanto en tu persona como en la de cualquier otra, siempre al mismo tiempo como un fin y nunca solamente como un medio».[9] Si pudiéramos construir un reino en que todos los seres humanos, todas las personas, fuéramos autónomos, llevaría el nombre de «Reino de los Fines».

El Reino de los Fines sería aquel en que cada ser humano sería tratado como un fin en sí mismo. Aquel en el que la política, la economía, la sanidad, la educación, las distintas profesiones y oficios, la banca, las empresas y el conjunto de las actividades compartidas estuviera a su servicio. Todo esfuerzo debería ir dirigido, no sólo a no dañar a las personas, sino también a empoderarles de modo que fueran capaces de llevar adelante los planes de vida que tuvieran razones para valorar.

En semejante reino los costes de las transacciones serían bajísimos y las relaciones estarían presididas por la confianza en que nadie se propone dañar, sino ayudar. Si llegara algún día, no haría falta el castigo para guardar la viña, y lo que se ahorra en derecho penal podría invertirse en sanidad, educación, en la investigación de enfermedades tanto usuales como raras.

Y lo que es más sugestivo, las personas podrían mirarse directamente a los ojos, sin que ninguna tuviera que bajar la vista ante otra para conseguir lo que es su derecho, nadie tendría que rogar, suplicar, rebajarse, para mantener la propia vida y la de otros, para intentar llevar adelante sus planes de vida. Y nadie se vería obligado a rebajarse ante sí mismo adulando a otros, mintiendo, simulando, sino que podría respetarse a sí mismo.

Ciertamente, hay casos que pertenecen a la más elemental convivencia. Empezar una carta diciendo «estimado señor», cuando no se le estima en absoluto, o contestar afirmativamente a un autor que te pregunta si te ha gustado su obra, aunque no sea así, son cosas inevitables.[10] Pero si no es en esas cuestiones de cortesía, un Reino de los Fines sería una sociedad sin dominación y, por lo tanto, una sociedad sin humillación. El sueño de los desposeídos de todos los tiempos, el de los anarquistas de la ayuda mutua, el Reino de Dios secularizado, la sociedad comunista, en la que cada quien trabajará según sus capacidades y recibirá según sus necesidades, la situación ideal de habla, en que todos serán considerados como personas con derecho a decidir sobre las normas que les afectan, la realización en plenitud de lo mejor de lo humano.

¿Utopía? En absoluto. Brújula que indica hacia dónde caminar para saber cuidar, cooperar y cultivar la libertad en todas sus dimensiones en la dirección de aquello que merece la pena estimar.

* * *

¿Para qué sirve la ética?

Para ser protagonista de la propia vida, autora del guión de la propia biografía, para construir con otros la vida compartida, sin permitir que nos la hagan. Para realizar un sueño, el de una sociedad sin dominación, en que todos podamos mirarnos a los ojos sin tener que bajarlos para conseguir lo que es nuestro derecho.

Notas

1. Khaled Hosseini, *Mil soles espléndidos*, Salamandra, Barcelona, 2009.

2. Benjamin Constant, «De la libertad de los antiguos comparada con la de los modernos», en *Escritos políticos*, Centro de Estudios Constitucionales, Madrid, 1989.

3. Daniel Bell, *Communitarianism and its critics*, Oxford University Press, 1993.

4. Para un estudio de las preferencias adaptativas ver Adela Cortina y Gustavo Pereira (eds.), *Pobreza y libertad*, Tecnos, Madrid, 2009.

5. Pablo Ordaz, reportaje «Son mexicanos, son valientes», *El País*, 11 de junio de 2011. Ver también el comentario de Fernando García de Cortázar en la Tercera de *ABC* del 4 de diciembre de 2012.

6. Salvador Camarena, *El País*, 19 de noviembre de 2012.

7. Robert A. Dahl, *Análisis político moderno*, Fontanella, Barcelona, 1976, p. 127; Adela Cortina, *Ciudadanos del mundo*, Alianza, Madrid, 1997, pp. 51 y 52.

8. Benjamin Constant, *op. cit.*, p. 284.

9. Immanuel Kant, *Fundamentación de la Metafísica de las Costumbres*, Espasa-Calpe, Madrid, 1967, 3ª ed., p. 84. Traduzco la expresión alemana «brauchst» por «trates» porque la considero más adecuada que «uses», que es la traducción de García Morente.

10. Los ejemplos son también de Kant en *La Metafísica de las Costumbres*, Tecnos, Madrid, 1989, p. 294.

6

RECONOCER Y ESTIMAR LO QUE VALE POR SÍ MISMO

1. Frankenstein, el Prometeo moderno

Corría el año 1816. Un grupo de poetas y novelistas como Lord Byron, Percy Shelley, John Polidori y la que más tarde sería Mary Shelley se reunió en Villa Diodati, una villa de los alrededores de Ginebra, alquilada por Lord Byron. Como el tiempo era tormentoso y desapacible se vieron obligados a recluirse en la casa y una noche decidieron hacer una apuesta. Habían estado leyendo los trabajos de Erasmus Darwin, el abuelo de Charles Darwin, sobre la creación de la vida artificial y se propusieron escribir cada uno un relato de terror, relacionado con la perfectibilidad del hombre.

De esos días de reclusión forzosa saldría con el tiempo *El Vampiro* de Polidori, pero la historia que hizo fortuna en la cultura universal con mayor rapidez fue *Frankestein, el Prometeo moderno*, la novela de la única mujer que entró en la apuesta.[1] El libro empezó siendo un relato de terror, como exigía el pacto, pero pronto el personaje central, la criatura de Frankenstein, fue cobrando vida propia y planteando a la autora preguntas sobre el uso de la creatividad científica, la perfectibilidad del hombre, la felicidad, la vida en solitario, la necesidad de ese reconocimiento sin el que no hay vida humana en plenitud. Una vida no perfecta, pero sí digna de ser vivida.

En la novela de Shelley el creador del hombre nuevo ya no es Dios, sino el científico Frankenstein, que intenta acomodar en su laboratorio los miembros de un hombre que debería ser más perfecto que los ya conocidos, un ser racional completo, como Shelley lo define. Prometeo ha robado el fuego a los dioses y es capaz de crear un hombre superior valiéndose de la ciencia, toda una promesa de un futuro mejor que, en principio, no puede despertar sino entusiasmo.

Y digo «en principio» porque la idea de hombres más perfectos provoca, con razón, todo un mundo de suspicacias e invita a ponerse en guardia. Habida cuenta de la experiencia que la historia ha ido acumulando sobre la creación de hombres superiores, tal vez sería mejor conformarse con asegurar a los que ya hay una mejor calidad de vida para que puedan llevar adelante sus proyectos de vida feliz, que empeñarse en crear superhombres, hombres superiores o seres posthumanos.

Tal vez la felicidad no venga tanto del ejercicio de facultades portentosas como de una vida buena, compartida con los semejantes. Ése es en realidad el mensaje de Mary Shelley. Como ella misma revela, a medida que la obra iba tomando forma otros motivos fueron añadiéndose a los iniciales, lo que empezó siendo una novela de terror se convirtió en un relato sobre la felicidad humana.

Frankenstein tiene éxito en principio en pronunciar ese *fiat* creador que da comienzo a una vida nueva, a la vida de un hombre más perfecto que los conocidos en algunas de sus capacidades, un hombre distinto del resto. Pero donde debería residir el secreto del triunfo radica el del rotundo fracaso, precisamente porque el monstruo no encuentra a nadie semejante a él, a nadie que pueda reconocerle como un igual en humanidad, ni siquiera tiene un nombre con el que alguien pueda nombrarle como miembro de la familia humana. Y el hilo conductor de la novela es la búsqueda desesperada de un igual en quien poder reconocerse, a quien poder estimar y de quien recibir estima.

En un momento de la obra parece que el milagro va a producirse. La criatura de Frankenstein, sin ser vista, conoce a una familia pobre y se desvive por ayudarle diariamente con regalos que les deja clandestinamente en la puerta de la casa, ocultándose después para no ser descubierta. Y goza profundamente al contemplar la dicha de los niños disfrutando con sus regalos. Pero el día en que por fin decide dejarse ver, el espanto que provoca le obliga a regresar a lo profundo del bosque, sin tener ya más comercio con seres humanos.

Las páginas finales del relato son sobrecogedoras. El monstruo maldice a Frankenstein por haberle creado con un gran anhelo de felicidad y sin los medios para saciarlo, porque no le ha dado a ningún igual con el que compartir vida y destino. El presunto hombre mejor exige a su creador que le dé una compañera y le lanza la peor acusación que una criatura puede hacer a su creador: nadie tiene derecho a dar la vida a un ser al que no ofrece a la vez los medios para ser feliz.

Ése acabó siendo el mensaje de *Frankenstein*: que los miembros y los órganos de un hombre pueden ser perfectos, pero eso no garantiza que su vida sea buena, si no puede contar con otros hombres entre los que saberse reconocido y estimado. «El ángel rebelde —dirá la criatura de Frankenstein— se convirtió en un monstruo diablo, pero hasta ese enemigo de Dios y de los hombres cuenta en su desolación, con amigos y compañeros. Yo estoy solo.»[2]

El mayor sufrimiento de un ser humano es la soledad radical, la condena a la invisibilidad, al alejamiento, a la exclusión. Porque no somos individuos aislados, que un buen día deciden unirse por razones fundadas de beneficio mutuo, sino seres vinculados desde la raíz, personas cuya vida se va tejiendo desde el reconocimiento mutuo o desde el rechazo, que no es simple omisión, sino acción decidida de romper un vínculo que en realidad ya existe.

Por eso Mariam y Laila pudieron conquistar su libertad en un mundo inhóspito, porque lucharon codo a codo desde su estima compartida. Por eso mujeres como María Santos quedarán en el recuerdo agradecido de sus hijos y en nuestro recuerdo.

2. Un número en la puerta de la casa

Contaba en una conferencia Enrique Iglesias, Secretario General Iberoamericano, que en uno de esos barrios marginales de un país latinoamericano a los que unos llaman «invasiones», otros, «pueblos nuevos», otros simplemente, «cerros», se produjo un buen día un cambio radical. El ayuntamiento decidió mandar a una brigada, pertrechada de ladrillos y paleta, y pusieron sobre el quicio de cada puerta de las viviendas un número. A partir de entonces cualquier viandante podía identificar cada casita por su número, podía llegar el cartero, los miembros de aquella comunidad podían recibir cartas y otros podían enviárselas. Se hizo posible dar la dirección a cualquiera que quisiera venir de visita. ¿Y qué pasó? ¿Cómo reaccionaron las gentes que habían vivido dejadas de la mano del municipio, y por supuesto de la policía, durante décadas?

Pintaron las fachadas, barrieron el trozo de calle que daba a su puerta, lo regaron, pusieron plantitas flanqueando la entrada y así fueron manteniendo el entorno a partir de entonces, porque ésa, como podía ver todo el mundo, era su casa. Tenían una dirección que dar. Una dirección reconocida.

3. La tradición del reconocimiento

Alguna tradición filosófica recuerda, con razón más que sobrada, que lo que conforma a los individuos como personas no es el trabajo voluntarioso de hacerse a sí mismos en solitario, sino el hacerse con otros que les reconocen como personas. La vida humana es quehacer, decía Ortega y Gasset, y el quehacer ético es quehacerse, hacerse a sí mismo. Y eso es verdad. Pero no lo es menos que ese hacerse es una tarea compartida, por eso cuando falta el reconocimiento mutuo no crecen con bien las personas.[3]

Es ésta una historia que empieza en los primeros años de la vida, con el cuidado o el descuido de los padres y de la comunidad cercana, con las miradas de cariño o de indiferencia, con el dolor por el desprecio de los próximos, con la alegría por el aprecio, con esos juegos infantiles que todos los padres creen estar inventando, con las caricias de los vecinos y la atención de maestros y compañeros. Empieza aun antes de aprender ese lenguaje simbólico que sólo los hombres son capaces de manejar.

Al parecer, los niños tienden de modo natural a ayudar a otros, a compartir con ellos bienes, información y servicios. Por lo general, cuando perciben que un adulto está buscando un objeto que ellos ven, lo señalan con el dedo para que deje de buscar, están dispuestos a ayudarle en lo que pueden. Es más tarde cuando van aprendiendo a discriminar, a distinguir entre aquellos en quienes pueden confiar y los que no merecen confianza, aquellos con los que se puede cooperar y aquellos con los que no hay reciprocidad posible.[4]

Bien pronto aprenden las normas del grupo y tienden a respetarlas por lo general. En principio, según decía Piaget, la razón del respeto es la autoridad de los adultos que se las enseñan. Pero desde fines de preescolar las razones van siendo el sentido de la reciprocidad, el respeto mutuo y la idea de contrato.[5]

Los niños van absorbiendo las normas y se van percatando de forma inconsciente de que son las normas de su grupo social, que cumplirlas es la forma de mantener al grupo, y por eso no sólo tienden a obedecerlas, sino que intentan que los demás también las cumplan. Se dan cuenta de que los seres humanos somos interdependientes y de que las normas nos ayudan a formar un «nosotros». Al principio, identificándose con los otros significativos, como les llamaba el psicólogo social George H. Mead, es decir, los padres, la familia, los compañeros, y después con lo que también Mead llamaba «el otro generalizado», que va más allá de las fronteras del grupo concreto.[6] Pero todo esto ya lo hacen los niños desde el uso de ese lenguaje típicamente humano que es el lenguaje simbólico.

Es en ese lenguaje en el que aprenden a decir «tú» y «yo», en el que aprenden los pronombres personales de primera, segunda y tercera persona del singular y del plural. Con él las gentes empiezan a ser reconocidas por el número de su calle en el mundo, por su nombre propio y por el pronombre personal que les corresponde en cada ocasión.

Y es justamente en ese juego del lenguaje en el que los padres piden a los niños que hagan unas cosas y eviten otras, que no cojan objetos punzantes, que no se lo lleven todo a la boca, que no se separen de ellos, que no se vayan con desconocidos, que saluden a las visitas, que les demuestren sus habilidades, que les digan adiós con la mano. Más adelante las cosas se complican, porque los mensajes son más complejos, se pide al niño que cuide del hermano más pequeño, que coma con cubiertos, que no diga mentiras ni pegue a los compañeros, que salga en defensa de los más débiles.

A través del lenguaje vamos aprendiendo ese juego de las normas con el que las sociedades buscan proteger aquellas cosas que consideran valiosas. Por eso puede decirse que aunque la capacidad de valorar está en la base de la vida humana, lo que las sociedades valoran cristaliza en normas que mantienen unido al grupo social. Las normas protegen la supervivencia personal y el bienestar del grupo, del «nosotros». Y ese grupo puede afirmarse frente a los demás, o percatarse de que *puede y debe* ir ampliándose a todos aquellos seres que pueden ser reconocidos como personas, porque con todos ellos existe un vínculo de reconocimiento.

No se puede poner vallas al campo, el vínculo humano trasciende todas las fronteras y países hasta exigir esa ciudadanía cosmopolita, esa sociedad en que cualquier ser humano se siente en su patria.

A fin de cuentas, el núcleo del mundo moral consiste en reconocer, estimar, proteger y empoderar a los seres que merecen ser reconocidos como valiosos por sí mismos y, por lo tanto, tienen dignidad y no precio. Aquellos seres que merecen respeto y suscitan compasión.[7]

4. Dignidad y compasión

«Ella me amó por los peligros que había corrido, y yo le amé por la piedad que mostró por ellos.»[8]

Con estas palabras Otelo, el Moro de Venecia, pone sobre el tapete la fuerza de un sentimiento que impregna la vida de los seres humanos dotándole de una calidez especial, la piedad que lleva un nombre más generoso, como veremos, el de compasión.

A lo largo de la historia de la ética occidental dos sentimientos parecen disputarse el mérito de ocupar el primer puesto a la hora de impregnar las relaciones humanas para hacerlas morales en el más pleno sentido de la palabra. Procede uno de la tradición estoica y kantiana, y es el *respeto ante la dignidad de los seres humanos*, a los que jamás se les puede asignar un simple precio, porque cada uno de ellos es único, para ninguno existe un equivalente por el que se pudiera intercambiar. Justamente la dignidad de las personas se ha convertido en el fundamento de los derechos humanos, en la razón de ser de aquella Declaración que se proclamó en 1948.

Pero el otro sentimiento, que parece haber quedado en un segundo término, es la *compasión*, y tiene una historia algo más intrincada. Por intentar introducir un cierto orden, empezaremos recurriendo a los trazos que dio Aristóteles de ella, aclarando en qué consiste. Desde esta perspectiva, la compasión es «cierta pena por un mal que aparece como grave y penoso en quien no lo merece, mal que podría padecer uno mismo o alguno de los allegados; porque es necesario que el que va a sentir compasión esté en situación tal que pueda creer que va a sufrir algún mal o bien él mismo o bien alguno de los allegados, y un mal semejante o casi igual».[9]

Tomando la riqueza del bosquejo aristotélico, podemos decir que para hablar de compasión habríamos de contar con ciertos requisitos.

En *primer lugar*, la persona que despierta compasión ha de ser víctima de un sufrimiento grave, de un sufrimiento que la persona compasiva percibe como una carencia importante para lograr una vida buena. De donde se sigue que quien compadece a otro tiene una idea de lo que sería una vida buena, y cree que la persona a la que compadece busca una vida semejante, pero la desgracia que ha sufrido le impide lograrla. Por eso hablamos de una carencia grave, y no de una minucia.

En *segundo lugar*, la persona que es objeto de compasión no merece el sufrimiento que padece o es desproporcionado. Cree Aristóteles que aflora aquí un sentimiento de injusticia, el de que la persona no debería padecer ese mal porque no lo merece, y por eso es más fácil sentir compasión por los buenos que por los malos.

Tal vez tenga razón, pero también es verdad que a menudo nos compadecemos por el sufrimiento de los malvados cuando los vemos solos y desvalidos. Sabíamos de las atrocidades de Sadam Husein, pero ¿quién puede ver sin dolor el video en que un grupo de iraquíes le maltrata y le humilla en el momento en que está indefenso?

Dando *un paso más*, el tercer requisito consistiría en pensar que esa desgracia nos puede ocurrir a nosotros, que somos igualmente débiles y vulnerables. Por eso epicúreos, estoicos y platónicos consideraron que los dioses no pueden ser compasivos, porque no son débiles ni vulnerables.[10] Un mundo sin duda muy diferente del judío, que reconoce a Yahvé como un Dios compasivo. Un mundo muy diferente del cristiano, que ve en Jesús de Nazareth a un Dios vulnerable y compasivo.

Pero a todo ello hay que añadir un *cuarto requisito*, y es que la persona que sufre signifique algo para mí, que me importe, que su felicidad sea una parte de mi proyecto de vida buena. No podemos sentir compasión por los que nos resultan indiferentes, sino sólo por los que de alguna manera nos importan, por los que de alguna manera forman parte de nuestro proyecto de felicidad.

Naturalmente, si en nuestra biología no existiera ninguna base para despertar la compasión de unos por otros, entonces sería imposible cultivar ese sentimiento. Pero, como sabemos, estamos preparados biológicamente para cuidar y cooperar, para realizar acciones altruistas, estamos preparados para conmovernos, todo depende de cuál de nuestras predisposiciones queramos alimentar. Recordemos de nuevo la lección del jefe indígena que contaba a sus nietos el relato de los dos lobos que luchan entre sí en el interior de cada persona. ¿Cuál de ellos triunfará? Y la respuesta lúcida: el que alimentéis.

Consideran algunos autores que para alimentar la compasión conviene cultivar la empatía, esa emoción o sentimiento que nos permite situarnos en el lugar del otro y reconstruir con la imaginación qué es lo que siente, sea una experiencia alegre o triste, placentera o dolorosa.[11] Si atendemos al origen griego del término, se trata de una capacidad de reconstruir el *páthos* del otro, teniendo en cuenta que *páthos* significa lo que uno experimenta, lo que siente, con lo cual la empatía es la emoción que nos permite sentir lo que el otro siente.

No deja de ser curioso que algunos autores se hayan entusiasmado tanto con la capacidad humana de «empatizar», que han propuesto como ideal a conseguir una civilización empática, en la que sentiríamos unos con otros. Y aseguran que para lograrlo no habría sino que derribar las barreras que ha ido poniendo la razón.[12]

No cuentan estos autores que la empatía puede jugar muy malas pasadas, porque en realidad es un arma de doble filo: saber lo que otro siente puede llevarnos a querer compadecer sus sufrimientos tratando de aliviarlos, pero también es un instrumento útil para averiguar dónde le duele y propinar el golpe en el lugar oportuno. Que en ocasiones son los hijos y en otras, el prestigio, el dinero o los amigos. El mejor torturador es el que mejor sabe qué le causará a su víctima mayor dolor.

Por eso, la empatía cobra su coloración moral positiva cuando se pone al servicio de la compasión. De ese sentimiento por el que padecemos con el que sufre y, sobre todo, nos sentimos urgidos a aliviar su dolor porque esa persona es importante para nosotros. Esta segunda parte faltaba en la reflexión de Aristóteles: ese sentirse urgido a remediar el sufrimiento, que es el síntoma de la compasión auténtica. Lo otro, a fin de cuentas, es sensiblería.

Y dando un paso más, también la compasión auténtica tiene un lado positivo que se suele olvidar, porque es posible sentir con otros su dolor, pero también sentir con otros su alegría y saberse llamado a celebrarla. Una forma ésta de ser con otros que excluye emociones tan deplorables y cotidianas como la envidia.

5. El reconocimiento cordial

A lo largo de la historia el reconocimiento de la dignidad humana no ha visto la luz sin lucha y conflicto. Han sido innumerables las revoluciones de los esclavos, los pobres y miserables, los siervos, las mujeres, los negros y los indígenas para lograr ser reconocidos como personas dignas de respeto, pertrechadas de una identidad que merece igualmente respeto. Algunos autores entienden que es la experiencia del desprecio la que ha suscitado la necesidad de luchar por recibir aprecio. En la familia, donde los niños sufren a menudo el maltrato y la falta de amor; en el Estado, donde una gran parte de ciudadanos ven irrespetados sus derechos; y en la falta social de reconocimiento de la propia valía, de las aportaciones que pueden hacerse a la sociedad.

Todos los seres humanos necesitamos el reconocimiento de los otros para llevar adelante una vida realizada, precisamente porque el individualismo es falso: precisamente porque el núcleo de la vida social y personal no es el de individuos aislados, que un buen día deciden asociarse, sino el de personas que nacen ya en relación, que nacemos ya vinculados.

El vínculo del cuidado es el que nos permite sobrevivir, crecer y desarrollarnos biológica y culturalmente. Pero el reconocimiento mutuo de la dignidad, de la necesidad de amor y estima es indispensable para llevar adelante una vida buena, una vida feliz.

No se trata sólo de reconocernos mutuamente como interlocutores válidos de los diálogos que nos constituyen, porque somos seres capaces de un lenguaje. Se trata también del mutuo reconocimiento de la dignidad a la que tenemos derecho por nuestro valor interno. Y se trata también del reconocimiento cordial de que nuestras vidas están originariamente vinculadas, por eso importa hacerlas desde la compasión.

Todas estas emociones, todos estos sentimientos cobran una coloración moral cuando se viven desde el respeto a la dignidad propia y ajena, desde la compasión en la tristeza, desde la compasión en la alegría, porque los otros me importan, son también parte mía.

Por eso entiendo que la virtud humana por excelencia es la cordura, en la que se dan cita la prudencia, la justicia y la *kardía*, la virtud del corazón lúcido.

* * *

¿Para qué sirve la ética?

Para aprender a degustar lo que es valioso por sí mismo, para estrechar el vínculo con todos aquellos que son dignos de respeto y compasión.

Notas

1. Mary Shelley, *Frankenstein. El Prometeo moderno*, Plaza y Janés, Barcelona, 1995.

2. *Ibid.*, p. 295.

3. La tradición a la que me refiero tiene su origen filosófico en la filosofía hegeliana, y a través de autores como Georges H. Mead (*Espíritu, persona y sociedad*, Paidós, Barcelona, 1972, 3ª ed.) llega hasta la ética del discurso que crean Karl-Otto Apel (*La transformación de la filosofía*, Taurus, Madrid, 1985, II, pp. 341-413) y Jürgen Habermas (*Conciencia moral y acción comunicativa*, Península, Barcelona, 1985) en los años setenta y ochenta del siglo xx, y continúa en los trabajos de autores como Axel Honneth (*La lucha por el reconocimiento*, Crítica, Barcelona, 1997) y también en los míos (*Alianza y contrato*, Trotta, Madrid, 2001; *Ética de la razón cordial*, Nobel, Oviedo, 2007). En este contexto, la cercanía y las críticas amistosas de Javier Muguerza son sumamente fecundas (*Desde la perplejidad*, FCE, México, 1990).

4. Michael Tomasello, *¿Por qué cooperamos?*, Katz, Buenos Aires, 2010, pp. 24-51.

5. J. Piaget, *El criterio moral en el niño*, Morata, Madrid, 1975.

6. G. H. Mead, *op. cit.*; Tomasello, *op. cit.*, pp. 52-63.

7. Como expliqué en el punto 4 del capítulo 3, los animales y la Tierra tienen un valor, y por eso es un deber cuidarlos, pero no tienen un valor de dignidad. (Ver también mi libro *Las fronteras de la persona. El valor de los animales y la dignidad de los humanos*, Taurus, Madrid, 2009.)

8. William Shakespeare, *Otelo, el Moro de Venecia*, *Obras Completas*, Aguilar, Madrid, p. 1469.

9. Aristóteles, *Retórica*, Centro de Estudios Constitucionales, Madrid, 1985, II, 8, 1385 b 23.

10. Martha C. Nussbaum, *Upheavals of Thought*, Cambridge University Press, 2001, pp. 306-327.

11. *Ibid.*, p. 302.

12. Los seres humanos, igual que otros mamíferos, contamos con un tipo de neuronas, las llamadas «neuronas espejo», que nos llevan a reproducir los movimientos de nuestros semejantes, a imitarles, y a sentir empatía con ellos (Giacomo Rizzolatti y Corrado Sinigaglia, *Las neuronas espejo*, Paidós, Barcelona, 2006). Por eso autores como Iacoboni hablan de la posibilidad de una «civilización empática» (Marco Iacoboni, *Las neuronas espejo*, Katz, Barcelona, 2009).

7

SER PROFESIONALES, NO SÓLO TÉCNICOS

1. Calidad educativa: ciudadanos justos, buenos profesionales

Cualquier ley de educación que se precie dice proponerse mejorar la calidad educativa de la población, y esto es lo que viene ocurriendo también reiteradamente en nuestro país. Qué se entienda por «calidad» es harina de otro costal, y aquí por el momento se ha producido un interesante cambio en distintos borradores del actual Anteproyecto de Ley Orgánica para la Mejora de la Calidad Educativa. El primero de esos borradores abría sus páginas asegurando que «la educación es el motor que promueve la competitividad de la economía y el nivel de prosperidad de un país», y continuaba diciendo que «mejorar el nivel educativo de los ciudadanos supone abrirles las puertas a puestos de trabajo de alta cualificación, lo que representa una apuesta por el crecimiento económico y por conseguir ventajas competitivas en el mercado global». Como a lo largo del texto se insistía en la necesidad de obtener resultados, cabía suponer que los resultados esperables se referían al mercado de trabajo y a la competitividad de los ciudadanos. Con lo cual se echaba de ver que el mercado manda y que seguir sus directrices es lo que corresponde. Sucesivas redacciones de la ley han modificado aquella introducción con buen acuerdo, porque entrar en la educación con esa noción de calidad es como meter un elefante en una cacharrería, pero la idea de que educar en la escuela o en la universidad tiene por meta formar gentes competitivas, preparadas para lidiar en el mercado de trabajo, es la que continúa impregnando leyes y decretos.

No hay sino adentrarse en los vericuetos del Plan Estatal de Investigación Científica, Técnica y de Innovación 2013-2016, publicado por el Ministerio de Economía y Competitividad, para comprobar una vez más que en nuestro país se identifica la innovación con la investigación científico-técnica, y que sólo de ella se esperan mejoras para el futuro. Ya resulta sintomático que los proyectos de investigación de un país se asignen a un ministerio encargado de la economía y la competitividad. Y, así las cosas, no es extraño que en el plan las Humanidades no entren sino por la puerta de la transversalidad: los proyectos científicos y técnicos tienen entidad propia, los otros deben intentar tener cierta presencia en los científicos y técnicos como transversales. Porque lo que conviene potenciar —se dice— es una cultura científico-técnica, como si la cultura no necesitara para serlo un marco de fines y valores desde los que se piensan la ciencia y la técnica.

De donde se sigue que educar con calidad supone, ante todo, formar ciudadanos justos, personas que sepan compartir los valores morales propios de una sociedad pluralista y democrática, esos mínimos de justicia que permiten construir entre todos una buena sociedad. Si quisiéramos enumerar esos valores, mencionaríamos la libertad, en las distintas acepciones que vimos en el capítulo dedicado a ella, la igualdad de oportunidades y de capacidades básicas, la solidaridad por la que nos apoyamos como seres vulnerables, siempre necesitados de ayuda, el diálogo para resolver los conflictos y el respeto a las posiciones distintas de la mía, siempre que representen un punto de vista moral.[1] Y también educar con calidad, en la escuela, y sobre todo en la universidad, supone formar buenos profesionales; gentes que, en el caso de poder ejercer una profesión, sepan que no es sólo un medio de vida, ni siquiera es sólo un ejercicio técnico, sino bastante más.

Justamente, a cuento de la crisis se ha echado en falta la presencia de buenos profesionales, por ejemplo, en las entidades financieras, que podían haber aconsejado a sus clientes teniendo en cuenta los intereses de esos clientes, y no sólo el beneficio de la entidad y el suyo propio. Quienes actuaban así podían ser técnicos muy competentes, preparados para batallar en el mercado de trabajo y para ocupar buenos puestos, pero no eran buenos profesionales, porque no es lo mismo ser un buen técnico que ser un buen profesional.

Y sucede que los bancos no son los únicos lugares en los que debería aumentar el número de buenos profesionales, sino también en los juzgados, en los tribunales de justicia de distinto nivel, en el ramo de la construcción y de la ingeniería, en la política, en los medios de comunicación, en los centros sanitarios, en las escuelas y los centros de Enseñanza Media, en las universidades, y en todos los puntos neurálgicos de una sociedad. Sin embargo, parece ser que la profesionalidad está en horas bajas, sobre todo porque no suele apreciarse la diferencia entre lo que es un auténtico profesional y lo que es un simple técnico, ni tampoco se valora la fuerza transformadora hacia mejor que tiene el buen ejercicio de una profesión.

2. El protagonismo de la sociedad civil

Transformar la vida pública desde la opción política fue la gran aspiración de lo que se ha dado en llamar «la generación de la democracia», esa generación de españoles que pasó de la vida estudiantil a ocupar puestos de trabajo durante la década de los setenta del siglo pasado. Bregar por el cambio social hacia algo mejor implicaba para el espíritu de aquella generación ingresar en un partido político, luchar por conquistar el poder y transformar desde él la cosa pública. Parecía admitirse que lo público y lo político se identifican, y que sólo desde el poder político era posible tratar de llevar adelante proyectos justos y solidarios. El mundo de la sociedad civil, el de la familia, las asociaciones privadas, la economía y las profesiones se presentaba en el imaginario colectivo como aquel lugar en que cada uno busca su bien particular y resulta, por tanto, prácticamente imposible superar el egoísmo. Comprometerse en la transformación social suponía, al parecer, ingresar en un partido político.

Sin embargo, desde fines del siglo pasado las cosas han ido cambiando sustancialmente. Por una parte, porque nos hemos percatado de que, aunque el poder político siga cobrando su legitimidad de perseguir el bien público, quienes ingresan en la vida política buscan con demasiada frecuencia su bien privado. Por otra, porque también hemos caído en la cuenta de que lo público no es sólo cosa de los políticos, que el reparto de papeles entre los partidos y los ciudadanos de a pie no es de recibo. Cambiar la sociedad hacia algo mejor exige en realidad trabajar también desde la sociedad civil, exige convertir también a la sociedad en protagonista de su futuro. Uno de los lugares privilegiados de la sociedad civil es el mundo de las profesiones.[2]

3. Ética de la responsabilidad

El mundo de las profesiones tiene una larga historia, que se suele contar desde la tradición occidental, de la que se dice que nace con el célebre Juramento de Hipócrates, ligado a una profesión tan valorada como la médica. Otras dos profesiones le acompañarían en los orígenes, la de los sacerdotes y los juristas, de modo que entre las tres se ocuparían de cosas tan importantes para la vida de una sociedad como el bien del cuerpo, el bien del alma y el de la comunidad política. Quien ingresa en una profesión se compromete a proporcionar ese bien a su sociedad, tiene que prepararse para ello adquiriendo competencias adecuadas, y a la vez ingresa en una comunidad de profesionales que comparten la misma meta.

Es en el mundo moderno cuando las actividades profesionales van adquiriendo la fisonomía que nos es conocida, especialmente con la Reforma protestante. Desde esta perspectiva, Dios impone una misión a cada persona, le encomienda una tarea en el mundo, y de aquí se sigue que debe ejercerla, no por interés egoísta, sino para servir a la sociedad. Ésta sería una de las claves centrales, es decir, que el profesional no se sirve a sí mismo, sino a una tarea que le trasciende.[3] Más tarde la idea de profesión se seculariza y, sin embargo, quedan un conjunto de rasgos que le siguen distinguiendo de otro tipo de actividades. ¿Cuáles son esos rasgos?

Para descubrirlos resulta muy apropiado distinguir con Aristóteles entre dos tipos de acciones. Hay acciones que se hacen por otra cosa, por obtener un resultado con ellas. En ese caso, lo interesante no es la acción misma, sino el fin que se persigue con ella. Como es el caso de quien hace zapatos, que lo que importa son los zapatos y no la actividad de hacerlos. A estas acciones instrumentales Aristóteles

les llamaba «técnicas», y decía que sólo valen en relación con el fin que se busca con ellas. Quien las domina no tiene que discutir si el fin es bueno o malo, sino buscar los medios más adecuados para alcanzarlo.

Por el contrario, hay otro tipo de actividades que queremos hacerlas por sí mismas, porque en sí mismas encierran un bien que deseamos alcanzar. Y ponía el ejemplo del pasear, que lo hacemos por el gusto de disfrutar del paseo, no porque nos sirva para llegar a algún lugar. A este tipo de actividades que valen por sí mismas Aristóteles les llamaba «prácticas», para distinguirlas de las técnicas, que valen por otra cosa distinta a ellas mismas, es decir, por el fin por el que se realizan.

Regresando a nuestros días y al modo de valorar la calidad de la educación, sería un error craso intentar formar sólo en técnicas que permiten llegar a los más diversos fines, y no ayudan a calibrar cuáles son los mejores fines, por cuáles merece la pena esforzarse. Saber discernir cuáles son los fines mejores es decisivo.

Decía un conocido, de cuyo nombre no quiero acordarme, aunque me acuerdo perfectamente, que los campos de concentración del Tercer Reich fueron un prodigio de racionalidad técnica, porque se aprovechaba el trabajo de los presos, la piel, los dientes y todo lo utilizable sin desperdiciar nada. Claro que aquellas salvajadas nos parecen mal —continuaba—, pero no desde un punto de vista técnico, sino desde nuestro sentimiento moral.

Ante atrocidades semejantes es urgente aclarar que las técnicas cobran su valor y sentido por los fines que se persiguen con ellas, que tan competente técnicamente es quien sabe manejar bien los venenos para matar como el que sabe manejarlos bien para sanar. La diferencia no está en la técnica, sino en el fin que se persigue —matar o sanar— y es una diferencia radical.

La cuestión no es, pues, en las escuelas y universidades formar sólo técnicos bien especializados que puedan competir y atender a las demandas de los mercados, sean las que sean, sino educar a buenos ciudadanos y a buenos profesionales, que saben utilizar las técnicas para ponerlas al servicio de buenos fines, que se hacen responsables de los medios y de las consecuencias de sus acciones con vistas a alcanzar los fines mejores.

4. Una partida de ajedrez

Tomando la distinción de Aristóteles que acabamos de comentar es posible entender muy bien en qué consiste una actividad profesional. Supongamos que en vez de ser individuos aislados quienes realizan las actividades, pensamos en aquellas actividades que llevan a cabo distintas personas conjuntamente, aunque estén en países diversos, y que se realizan por sí mismas, porque ofrecen lo que se ha llamado unos «bienes internos» que ninguna otra puede proporcionar. Sería el caso de la medicina, pero también de la docencia, la ingeniería, los medios de comunicación, la educación, la Administración pública y un largo etcétera.

Podríamos caracterizar entonces estas actividades profesionales como actividades sociales cooperativas que se caracterizan por buscar un bien interno a ellas mismas, que ninguna otra puede proporcionar. Estos bienes son los que dan sentido a la práctica y resultan imprescindibles para que una sociedad sea humana, por eso las gentes la dan por buena y consideran que es legítima. Porque cualquier actividad humana cobra su sentido de perseguir un fin que le es propio, y además cualquier actividad social necesita ser aceptada en la sociedad en la que se desarrolla, necesita estar socialmente legitimada.

Podríamos decir entonces que el bien interno de la sanidad es el bien del paciente, aunque tenga que explicitarse a través de las diversas metas de la sanidad, que consisten en prevenir la enfermedad, cuidar, curar y ayudar a morir en paz; el bien de la docencia es transmitir cultura y conocimientos, formar personas críticas y autónomas; trabajar por una convivencia más justa debería ser la meta de los juristas en sus diferentes dedicaciones; el bien del trabajo social consiste en empoderar a los más débiles y vulnerables, y el bien de los medios de comunicación es prestar información objetiva, opinión razonable y entretenimiento digno.[4] Quien ingresa en una de estas actividades no puede proponerse una meta cualquiera, sino que ya le viene dada y es la que comparte con una comunidad de colegas que persiguen idénticas metas. Tirando de este hilo conductor podemos ir sacando los distintos rasgos de una actividad profesional.[5]

La profesión, podríamos decir en primer lugar, requiere una cierta vocación, lo cual no significa que alguien se sienta llamado a ellas desde la infancia, sino que ha de contar con unas aptitudes determinadas para su ejercicio y con un peculiar interés por la meta que esa actividad concreta persigue. Sin sensibilidad hacia el sufrimiento de la persona enferma, sin preocupación por transmitir el saber y formar en la autonomía, sin afán por la justicia, mal se puede ser un buen médico, enfermera, docente, jurista. Y lo mismo sucede con las restantes profesiones.

De ahí que, al ingresar en su profesión, el profesional se comprometa a perseguir las metas de esa actividad social, sean cuales fueren sus móviles privados para incorporarse a ella. Naturalmente, puede tener motivos muy diversos para hacerlo: desde ganar un salario para poder vivir hasta enriquecerse, desde cobrar una identidad social a conseguir un cierto o un gran prestigio. Pero, sea cual fuere su *motivo personal*, lo bien cierto es que, al ingresar en la profesión, debe asumir también la *meta* que le da sentido. No pueden un médico o una enfermera justificar su negligencia ni un abogado sus trampas alegando que, a fin de cuentas, entraron en este mundillo para ganar dinero y no para promover la salud o para hacer posible una convivencia más justa.

Los *motivos* sólo se convierten en *razones* cuando concuerdan con las metas de la profesión. Y no puede una comisión universitaria dar la plaza a quien tiene menos méritos que otros alegando que «es el de la casa», ni puede quien valora proyectos o peticiones de beca poner notas bajas a quienes no son «de los suyos». Los motivos individuales no son razones, no se convierten en argumentos si no tienen por base las exigencias de la meta profesional.

Cuando los motivos desplazan a las razones, cuando la arbitrariedad impera sobre los argumentos legítimos, se corrompe una profesión y deja de ofrecer los bienes que sólo ella puede proporcionar y que son indispensables para promover una vida humana digna. Con lo cual pierde su auténtico sentido y su legitimidad social.

Es lo que sucede con el recurso a los incentivos, que pueden ser al menos de dos tipos: los que pertenecen al juego limpio de la profesión, es decir, los que están alineados con sus metas, y los espurios. Los últimos pueden ser útiles en alguna ocasión, pero no pueden ser los principales. Y en este sentido, podemos echar mano del ejemplo que ponía MacIntyre a cuento de la dificultad de enseñar a alguien a amar el ejercicio de una práctica: el ejemplo de un niño, cuyos padres quieren que aprenda a jugar al ajedrez y, como no le gusta, le prometen darle caramelos cada vez que juegue. El incentivo de los caramelos puede servir para que entre en el juego, lo conozca y se interese por él. Pero, si con el tiempo sigue sin gustarle por sí mismo, hará trampas cuando pueda.

Si el directivo de un banco al asesorar a los clientes está pensando en que su salario o su ascenso dependen de que inviertan en determinados fondos, intentará persuadirles de que es un riesgo asumible con el que ganarán considerablemente. Las demás opciones serán «conservadoras», adjetivo que tiene ya un sentido peyorativo. Claro que, a diferencia del ajedrez, el directivo también cuenta con la ambición del cliente. Pero no es un buen profesional el que no advierte de los riesgos previsibles, ni el que hace préstamos basura, aunque ésa sea la forma de engrosar la cuenta de resultados, porque no es ése el sentido de su profesión y por eso genera desconfianza.

Si globalizamos la partida de ajedrez y los profesionales se convierten en meros técnicos que se mueven por incentivos espurios, los pacientes dejan de confiar en los médicos y las enfermeras, los alumnos en los maestros, los ciudadanos en los jueces, los clientes en los empresarios y banqueros, los ciudadanos en los políticos, y no quedan sino sociedades profundamente desmoralizadas, sin ánimo para salir adelante. No es extraño que en Estados Unidos haya cundido el asombro al tomar conciencia de que quienes desencadenaron la crisis económica actual eran MBAs de las universidades de excelencia. «¿Qué formación estamos dando a nuestros profesionales?», se preguntaban los dirigentes. Parece que no la de auténticos profesionales, sino la de puros técnicos. Y esto es algo que requiere una de esas urgentes reformas estructurales, de las que tanto se habla.

Por eso importa revitalizar las profesiones, recordando cuáles son sus fines legítimos y qué hábitos es preciso desarrollar para alcanzarlos. A esos hábitos, que llamamos «virtudes», ponían los griegos por nombre «*aretai*», «excelencias». «Excelente» era para el mundo griego el que destacaba con respeto a sus compañeros en el buen ejercicio de una actividad. «Excelente» sería aquí el que compite consigo mismo para ofrecer un buen producto profesional, el que no se conforma con la mediocridad de quien únicamente aspira a eludir acusaciones legales de negligencia.

Frente al «*êthos burocrático*» de quien se atiene al mínimo legal pide el «*êthos profesional*» la excelencia, porque su compromiso fundamental no es el que le liga a la burocracia, sino a las personas concretas, a las personas de carne y hueso, cuyo beneficio da sentido a cualquier actividad e institución social. Es tiempo, pues, no de despreciar la vida corriente, sino de introducir en ella la aspiración a la excelencia.

5. Universalizar la excelencia

En un congreso celebrado hace unos años en la Universidad de Évora debatían los participantes sobre un asunto crucial para la educación. Dos modelos educativos parecían enfrentarse, el que pretende promover la excelencia, y el que se esfuerza ante todo por no generar excluidos. Parecían en principio dos modelos contrapuestos, sin capacidad de síntesis, esas angustiosas disyuntivas que se convierten en dilemas: o lo uno o lo otro.

Afortunadamente, la vida humana no se teje con dilemas, sino con problemas, con esos asuntos complicados ante los que urge potenciar la capacidad creativa para no llegar nunca a esas «elecciones crueles», que siempre dejan por el camino personas dañadas. Por eso la fórmula en este caso consistiría —creo yo— en intentar una síntesis de los dos lados del problema, en universalizar la excelencia, pero siempre que precisemos qué es eso de la excelencia y por qué merece la pena aspirar a ella tanto en la educación como en la vida corriente. No sea cosa que estemos bregando por alguna lista de indicadores, pergeñada por un conjunto de burócratas, que miden aspectos irrelevantes, aspectos sin relieve para la vida humana, a los que, por si faltara poco, se bautiza con el nombre de «calidad».

En realidad, el término «excelencia», al menos en la cultura occidental, nace en la Grecia de los poemas homéricos. Recurrir a la *Ilíada* o la *Odisea* es sumamente aconsejable para descubrir cómo el excelente, el virtuoso, destaca por practicar una habilidad por encima de la media. Aquiles es «el de los pies ligeros», el triunfador en cualquier competición pedestre, Príamo, el príncipe, es excelente en prudencia, Héctor, el comandante del ejército troyano, es excelente en valor, como Andrómaca lo es en amor conyugal y materno, Penélope, en fidelidad, y así los restantes protagonistas de aquellos poemas épicos que fueron el origen de nuestra cultura, al menos en parte, porque la otra parte fue Jerusalén.

Pero el excelente no lo es sólo para sí mismo, su virtud es fecunda para la comunidad a la que pertenece, crea en ella vínculos de solidaridad que le permiten sobrevivir frente a las demás ciudades. Por eso despierta la admiración de los que le rodean, por eso se gana a pulso la inmortalidad en la memoria agradecida de los suyos.

Al hilo del tiempo esa tradición de las virtudes se urbaniza, se traslada a comunidades, como la ateniense, que deben organizar su vida política para vivir bien. Para lograrlo es indispensable contar con ciudadanos excelentes, no sólo con unos pocos héroes que sobresalen por una buena cualidad, sino con ciudadanos curtidos en virtudes como la justicia, la prudencia, la magnanimidad, la generosidad o el valor cívico. Ante la pregunta «excelencia, ¿para qué?»

habría una respuesta clara: para conquistar personalmente una vida feliz, para construir juntos una sociedad justa, necesitada de buenos ciudadanos y de buenos gobernantes.

A fines del siglo pasado surge de nuevo con fuerza la idea de excelencia al menos en *tres ámbitos*. En el mundo empresarial el libro de Peters y Waterman *En busca de la excelencia* invita a los directivos a tratar de alcanzarla siguiendo principios con los que otras empresas habían cosechado éxitos. En el mundo de las profesiones se entiende con buen acuerdo que el profesional vocacionado, el que desea ofrecer a la sociedad el bien que su profesión debe darle, aspira a la excelencia sin la que mal podrá lograrlo. Y también en el ámbito educativo florece de nuevo el discurso de la excelencia, al que es preciso dar un contenido muy claro para no confundirla ni con las supuestas medidas de calidad, ni con la idea de una competición desenfrenada en la escuela, en la que los fuertes derroten a los débiles. Conviene recordar que, como hemos comentado, en la brega por la vida no sobreviven los más fuertes, sino los que han entendido el mensaje del apoyo mutuo, los que saben cooperar y por eso les importa ser excelentes.

La excelencia, claro está, tiene un significado comparativo, siempre se es excelente en relación con algo. Pero así como en las comunidades homéricas importaba situarse por encima de la media, el secreto del éxito en sociedades democráticas consiste en competir consigo mismo, en no conformarse, en tratar de sacar día a día lo mejor de las propias capacidades, lo cual requiere esfuerzo, que es un componente ineludible de cualquier proyecto vital. Y en hacerlo, no sólo en provecho propio, sino también de aquellos con los que se hace la vida, aquellos con los que y de los que se vive. En esto sigue valiendo la lección de Troya, porque los excelentes ponían esas capacidades al servicio de la comunidad, que las necesitaba para vivir y vivir bien. Por eso el pueblo admiraba las gestas de sus héroes. Por eso permanecían con gratitud en el recuerdo.

A fin de cuentas, no se construye una sociedad justa con ciudadanos mediocres, ni es la opción por la mediocridad el mejor consejo que puede darse para llevar adelante una vida digna de ser vivida. Confundir «democracia» con «mediocridad» es el mejor camino para asegurar el rotundo fracaso de cualquier sociedad que se pretenda democrática. Por eso una educación alérgica a la exclusión no debe multiplicar el número de mediocres, sino universalizar la excelencia.

Notas

1. Me he ocupado de explicitar estos valores en *Ciudadanos del mundo*, Alianza, Madrid, 1997, cap. VII.

2. Adela Cortina, *Ética aplicada y democracia radical*, Tecnos, Madrid, 1993, cap. 9.

3. Max Weber, *La ética protestante y el espíritu del capitalismo*, Península, Barcelona, 1969.

4. Jesús Conill y Vicent Gozálvez (coord.), Ética de los medios, Barcelona, Gedisa, 2004.

5. La bibliografía sobre ética de las profesiones es abundantísima. Ver, por ejemplo, Emile Durkheim, *Professional ethics and civic morals*, London, Routledge and Kegan Paul, 1957; Ruth Chadwick (ed.) , *Ethics and the Professions*, Avebury, Aldershot, 1994; José Luis Fernández y Augusto Hortal (eds.), *Ética de las profesiones*, Madrid, Universidad Pontificia de Comillas, 1994; .Adela Cortina y Jesús Conill (eds.), *Diez palabras en ética de las profesiones*, Verbo Divino, Estella, 2000; Augusto Hortal, *Ética general de las profesiones*, Bilbao, Desclée de Brouwer, 2002.

8

CONSTRUIR UNA DEMOCRACIA AUTÉNTICA

1. ¿JUSTA INDIGNACIÓN?

Entre 1337 y 1340 Ambrosio Lorenzetti pintó unos hermosos frescos en la *Sala dei Nove* del Palacio Comunal de Siena que se conocen mundialmente bajo el nombre de *Alegoría del Buen Gobierno*. En la pared norte de la sala se representa el régimen político que se instauraría si obrásemos siguiendo los dictados de la virtud de la justicia, mientras que los frescos de la pared este muestran de forma plástica los efectos benéficos que se seguirían de ese gobierno de la justicia para la ciudad y para el campo. Las gentes viven en armonía, se relacionan entre sí cordialmente y llevan a cabo las tareas propias de cada ámbito desde la concordia. Van a la escuela, danzan, comercian, siembran, siegan o labran la tierra en un marco de serenidad. El buen gobierno tiene buenos efectos para la vida de la ciudadanía. Es el ejercicio de las virtudes el que ayuda a gobernar bien, y por eso los personajes del fresco central son la Sabiduría, la Prudencia, la Fortaleza, la Magnanimidad, la Concordia y la Templanza, que conducen a los habitantes de la ciudad de Siena a la Paz. El buen gobierno es el que conduce a la paz, y no es sólo una forma de régimen político, sino una forma de vida.[1]

En la pared oeste, por el contrario, en el fresco «sinistro» si el espectador contempla el conjunto desde el centro, se representa el mal gobierno de la ciudad. La figura central es entonces la Tiranía, la Justicia rueda por los suelos, y acompañan a la Tiranía el Furor, la Discordia, la Guerra, el Fraude, la Traición y la Crueldad. También los efectos del mal gobierno se echan de ver en la ciudad y en el campo, con sus secuelas de discordia, conflicto, imprudencia, ira, pereza. Y la lección se prolonga en este fresco, porque los valores negativos, los dis-valores, los vicios, tienen también efectos perversos en la forma de vida de la ciudad.

La *Alegoría del Buen Gobierno* de Lorenzetti es una lección plástica de que las formas de gobernar no son sólo procedimientos sin alma y sin espíritu, mecanismos que se ponen en funcionamiento siguiendo las directrices de alguna guía jurídica, sino que representan auténticas formas de vida de un pueblo. Para crear una comunidad justa son necesarias las virtudes que hemos ido desgranando, como también es necesario expulsar esos vicios, como el fraude, la crispación, la discordia, la mentira y la traición que hacen imposible una vida buena compartida.

En España es éste un momento óptimo para ir intentando eliminar esas malas prácticas y para potenciar las virtudes que hacen posible un buen gobierno como forma de vida compartida. En este momento un buen número de voces se alza exigiendo cambios radicales, desde el movimiento del 15-M, pasando por las protestas callejeras cotidianas y también por los numerosos grupos de las sociedad civil que han asumido el compromiso de redactar informes sobre los puntos más candentes y hacérselos llegar tanto al público como a los políticos. Todo ello surge sin duda de una más que justa indignación ante las malas prácticas, que impiden encarnar un buen gobierno.

Cada día salen a la luz nuevos escándalos que afectan a políticos, banqueros, empresarios. Los órganos supremos de la judicatura decepcionan a los ciudadanos una y otra vez, el poder político indulta actuaciones intolerables de forma arbitraria. A ello se añade el capítulo de los privilegios de la clase política y de la financiera, que les llevan a asegurarse una vida más que holgada con unos años de ejercicio, a diferencia del ciudadano corriente y moliente. Tras haber gestionado un banco de forma tan pésima que ha quebrado, retiros millonarios. Después de haber llevado a un país a la ruina, buenos sueldos, excelente colocación, coche oficial, asistentes para no se sabe qué. Y con estos antecedentes, se exigen sacrificios a los peor situados, a los que no gestionaron la catástrofe ni tuvieron parte en ella.

La indignación es un sexto sentido que ayuda a descubrir las injusticias. «Quien carece de compasión —ha dicho con acierto Nancy Sherman— no puede captar el sufrimiento de otros; sin capacidad de indignación podemos no percibir las injusticias.»[2] Y es verdad; por eso la indignación cuando reclama justicia para todos es un sentimiento ético. Pero ese sentimiento es sincero si, una vez percibidas las injusticias, busca caminos viables para acabar con ellas. Uno de esos caminos, que todos los grupos han defendido como irrenunciable, es el de construir una democracia auténtica, una democracia que recupere sus raíces éticas. Para lograrlo nos puede servir de hilo conductor ese nombre «gobierno del pueblo», que es lo que significa el término «democracia».

2. Democracia representativa: ¿el círculo cuadrado?

Como es bien sabido, la democracia nace en la Atenas clásica de los siglos V y IV antes de Cristo, en el Siglo de Pericles, como *democracia directa*. Los ciudadanos, los hombres libres lo son porque tienen el derecho igual a participar en las deliberaciones y en la toma de decisiones de la Asamblea de forma directa. La libertad se identifica entonces con el derecho a participar, y la igualdad se refiere a la igualdad ante la ley (*isonomía*) y al igual derecho a hablar (*isegoría*).

En la raíz de todo ello se encuentra, como bien apuntó la filósofa Hannah Arendt, la convicción de que en la política el poder comunicativo es un auténtico poder. Frente a la definición clásica del Estado como la institución que ostenta el monopolio de la violencia legítima, Arendt entenderá que la violencia es siempre prepolítica, mientras que el mundo de la política es el del ejercicio del poder comunicativo. No en vano el hombre es un ser dotado de *lógos*, de razón y palabra, capaz de deliberar con sus conciudadanos sobre lo justo y lo conveniente.

Sin embargo, después de esta primera experiencia ateniense, que se ha convertido en el mito de referencia para este modo de entender la democracia como participación directa de los ciudadanos constituidos en pueblo, la democracia pierde todo prestigio como régimen político y no vuelve a recobrarlo hasta el siglo XVIII. Mientras tanto con el mundo moderno ha ido naciendo, eso sí, el gobierno representativo, pero no la democracia representativa.

La dimensión de los Estados nacionales, que nacen con la Modernidad, hace imposible una democracia congregativa, así como ese conjunto de cambios que tan bien explica Constant en la célebre conferencia sobre la libertad de los antiguos comparada con la de los modernos, de la que hablamos en el capítulo sobre la libertad. Pero el mayor de los cambios consiste —recordemos— en una nueva forma de entender la libertad, ligada a una especial valoración de la vida privada frente a la vida pública. La vida privada, formada por relaciones tan gratificantes como las de familia y amistad, por la vida asociativa y por actividades tan productivas como las económicas resulta ser sumamente atractiva. La participación en la vida política, por el contrario, no sólo es costosa, sino que presenta unos retornos inciertos, alejados en el tiempo, poco garantizados. Por eso, de igual modo que los ricos tienen administradores a los que encomiendan la gestión de sus bienes para poder disfrutar mientras tanto de la vida privada, los ciudadanos de los Estados modernos eligen representantes y les encargan la gestión de la cosa pública.

Es verdad que Constant previene frente al error de dejar en manos de los representantes el poder público y de retirarse a la vida placentera de la familia, la amistad y la economía, porque al cabo los ciudadanos pueden encontrarse con que les han arrebatado también esa vida privada. No es prudente cambiar la libertad entendida como participación por la libertad entendida como independencia, las dos son necesarias para una vida humana realizada, y quien apuesta únicamente por la segunda puede perderla.

Con todo, es verdad que el mundo moderno aprecia sobre todo la libertad entendida como independencia, y por eso en la civilización occidental se va extendiendo la convicción de que la mejor forma de gobierno es la representativa.

Hasta este punto no parece presentarse mayor problema. El gran problema aflora cuando la democracia empieza a valorarse de nuevo como una forma de gobierno que permite la expresión de la auténtica ciudadanía y, sin embargo, el sistema representativo parece insuperable. Resulta necesario entonces inventar un oxímoron: la democracia representativa. ¿Cómo articular la autonomía de los ciudadanos con el hecho de que sean los representantes quienes toman las decisiones, por mucho que exista un espacio libre de opinión pública en el que, cada vez más, los ciudadanos pueden expresarse?

Para responder a esta cuestión conviene recurrir al libro de Joseph Schumpeter *Capitalismo, socialismo y democracia*, publicado en 1942.[3]

3. La competición por los votos

En efecto, en este célebre trabajo expone Schumpeter cómo una teoría realista de la democracia no puede descansar sino en la elección de representantes, a diferencia de lo que él llama la «teoría clásica», empeñada en conceder al pueblo el mayor protagonismo. A juicio de Schumpeter, la «teoría clásica de la democracia» no resulta fecunda porque no permite discernir en qué países existe un gobierno democrático ni tampoco medir lo que hoy llamaríamos la calidad de las diferentes democracias. Y no lo permite porque esa teoría descansa en la fuerza de dos conceptos vacíos: «bien común» y «soberanía popular».

Según Schumpeter, la teoría clásica entiende que «el método democrático es aquel sistema institucional de gestación de las decisiones políticas que realiza el bien común, dejando al pueblo decidir por sí mismo las cuestiones en litigio mediante la elección de individuos que han de congregarse para llevar a cabo su voluntad».[4] La clave política en esta teoría es el pueblo y los representantes no son sino instrumentos que tratan de conseguir lo que el pueblo desea.

Sin embargo, según nuestro autor, no existe una voluntad del pueblo, sino las voluntades particulares de los ciudadanos, ni existe tampoco un bien común, sino intereses en conflicto. Y, por si faltara poco, los gobernantes ni siquiera han sido elegidos, sino que han ganado una competición por los votos de los ciudadanos.

Sería más realista —prosigue— proponer «otra teoría», según la cual, la democracia es «aquel sistema institucional para llegar a las decisiones políticas en el que los individuos adquieren el poder de decidir por medio de una lucha de competencia por el voto del pueblo».[5] Según esta caracterización, el motor del sistema es la competencia entre las élites políticas por conquistar el voto de los ciudadanos, de suerte que éstos, en realidad, quedan relegados a un segundo plano y son las élites las que ocupan la vida pública y se esfuerzan por convencer a los ciudadanos para que les den su voto.

Esta nueva teoría —considera su creador— tiene la ventaja de describir lo que sucede y permite afinar los instrumentos para mejorar la realidad, en vez de diseñar mundos ideales que nos dejan en la impotencia. El eco de *El Príncipe* de Maquiavelo parece presente, el eco de la ciencia nueva: «Pero siendo mi intención escribir algo útil para quien lo lea, me ha parecido más conveniente buscar la verdadera realidad de las cosas que la simple imaginación de las mismas».[6]

La nueva teoría, amén del realismo, contará con otras ventajas, porque permitirá reconocer el pluralismo político, representado por las élites, hará posible aceptar el hecho del caudillaje y la necesidad de expertos, contar con la apatía del pueblo, castigar a las élites que no cumplan sus promesas, retirándoles el voto en las siguientes elecciones, e interpretar la vida política como trasunto de la económica, aprovechando así los estudios que se llevan a cabo en relación con la racionalidad económica.

Pero si las cosas son así en el mundo político, la pregunta es entonces: ¿podemos seguir hablando de un «gobierno del pueblo»?

Ante esta pregunta responde el politólogo italiano Giovani Sartori que deberíamos hablar de gobierno *querido* por el pueblo, más que de gobierno del pueblo, porque en ningún lugar de la tierra gobierna el pueblo. Lo que hace el pueblo es expresar su voluntad en elecciones regulares, pero no gobernar.

Sin embargo, si tomáramos la palabra a Schumpeter, más bien tendríamos que hablar de gobierno *votado* por el pueblo. O, afinando todavía más, de gobierno *votado por la mayoría* del pueblo. Incluso de gobierno *votado por la minoría* del pueblo cuando los partidos en el poder no cuentan con una mayoría absoluta.

Evidentemente, para seguir hablando de democracia, aunque sea en un sentido amplio, es indispensable que las elecciones se lleven a cabo en un marco configurado por la división de poderes, elecciones regulares, opinión pública libre y abierta, con el compromiso irrenunciable de que las minorías no sólo sean respetadas, sino que puedan convertirse en mayorías. Y todo ello bajo el cobijo de un marco constitucional.

Pero aun en el contexto de estas condiciones, que no pueden eliminarse sin destruir cualquier atisbo de democracia, y que pertenecen a esa especie política más modesta, a la que Robert Dahl llamó «poliarquía», todavía queda abierta la pregunta: ¿cómo articular la autonomía de los ciudadanos con las decisiones tomadas por representantes elegidos por mayoría sin que la primera se vea en realidad traicionada?[7]

4. Tres modelos de democracia

En un fragmento antológico expone John Dewey una idea que, a mi juicio, es clave para el asunto que nos ocupa. Según él, la regla de la mayoría es tan absurda como sus críticos le acusan de serlo, pero lo importante es el medio por el que una mayoría llega a serlo: los debates antecedentes, la modificación de las perspectivas para atender a las opiniones de las minorías. Lo esencial es, en otras palabras, la mejora de los métodos y condiciones de debate, discusión y persuasión.[8]

Ciertamente, la democracia es gobierno del pueblo, y hemos convenido en que la voluntad del pueblo se expresa a través de la voluntad de la mayoría, siempre que respete a las minorías, como es obvio. Pero no tanto porque creamos, prolongando a Rousseau, que la voz de la mayoría es la voz de la voluntad general, sino porque no hemos encontrado un mecanismo mejor: es, a fin de cuentas, el mal menor. Por eso lo importante no es revestirla de un carácter sagrado, sino averiguar cómo se forjan las mayorías, cómo se forma la voluntad del pueblo, el proceso por el que una mayoría llega a serlo.

Y ante esta pregunta yo quisiera proponer tres posibles respuestas, tres posibles modelos de democracia representativa teniendo en cuenta cómo se forman las mayorías: la democracia emotiva, la agregativa y la comunicativa o democracia de los ciudadanos. Ninguno de estos modelos se da en una sociedad en estado puro, sino que siempre aparecen mezclados, pero es posible trazar el perfil de las distintas sociedades democráticas teniendo en cuenta el mayor o menor peso que tiene en ellas la dimensión emotiva, la agregativa o la comunicativa. Como es también posible y —creo yo— necesario cultivar con mayor empeño la que consideremos más ajustada a lo que sería una democracia entendida como gobierno del pueblo.

Sería *democracia emotiva* aquella en que las mayorías se forman por manipulación de los sentimientos de los ciudadanos. Las élites políticas manipulan los sentimientos y emociones de los electores con el fin de conseguir sus votos, entendiendo la política como el arte de la conquista y conservación del poder con cualesquiera medios. Un procedimiento muy eficaz es lo que yo llamaría la «mala retórica».

De la misma forma que hay un colesterol bueno y un colesterol malo, hay una retórica buena y una mala. La primera es la que utiliza quien trata de sintonizar con los destinatarios de su mensaje para que puedan entenderlo con claridad. Es preciso entonces conocer los sentimientos de los destinatarios, su encuadre social, sus aspiraciones para poder hablar en un lenguaje inteligible para ellos. Es la única forma de hacer llegar los argumentos de modo que quien los escucha pueda comprenderlos, sopesarlos, y aceptarlos o rechazarlos de forma autónoma, forjándose su juicio, que es la piedra angular de la autonomía.

Quien recurre a la mala retórica, por el contrario, trata de conocer el bagaje sentimental, cultural y social de sus oyentes, pero con el fin de manipularlo para poder venderles su producto, en este caso, para conseguir su voto. Es un mecanismo para persuadir, como el que se utiliza en el mal marketing, no un procedimiento para convencer de la bondad del propio producto mediante argumentos. Naturalmente, utilizar como altavoz los medios de comunicación resulta indispensable, y de ahí el vínculo evidente entre partidos políticos y empresas informativas.

Sin duda ésta es la forma de actuar que funciona en aquellas democracias a las que se ha llamado «democracias de masas», porque en ellas se cuenta con *masa* y no con *pueblo*, con individuos *heterónomos*, no con ciudadanos *autónomos*.

Entendemos por «masa» un conjunto de individuos anómicos, con pequeña interacción entre ellos, un conjunto heterogéneo configurado de tal forma que sus miembros no pueden actuar de forma concertada. La masa, obviamente, es presa fácil de la propaganda emotivista, dispuesta a provocar en las gentes reacciones, más que a colaborar racionalmente en la forja de convicciones. Pero manipular emociones atenta contra el principio básico de la ética moderna, que prescribe no instrumentalizar a las personas y sí empoderarlas para que lleven adelante sus vidas de forma autónoma. Y viola, claro está, el principio legitimador de la democracia, que exige tratar a los ciudadanos como señores, y no como siervos, menos aún como esclavos; que exige organizar la vida común de modo que las gentes puedan ejercer su autonomía y ayudar a quienes no pueden hacerlo por ser especialmente vulnerables.

Entendemos por «pueblo», por el contrario, un conjunto de ciudadanos, que discrepan desde el punto de vista de sus intereses, de sus preferencias o de sus cosmovisiones, pero están unidos por el diálogo racional, por su empeño en intentar pensar y razonar conjuntamente. No les une únicamente la emoción, ni sólo un foco puntual de interés, sino la amistad cívica, el debate público y la apuesta por el intercambio de opiniones, del que pueden obtener enriquecimiento mutuo y la forja de una voluntad común. Son ellos los que dan fe de que el hombre es un animal político, capaz de descubrir con los demás lo justo y lo injusto.

La *democracia agregativa*, por su parte, reconoce que en una sociedad pluralista los desacuerdos son inevitables, pero es consciente a la vez de que es necesario llegar a ciertos acuerdos obtenidos por mayoría. En un primer momento podría parecer que el mecanismo ideal es la unanimidad, pero la unanimidad resulta paralizante, porque sería necesario mucho tiempo para negociar con todos los sectores y lograr su consentimiento. Mientras tanto no se produciría ningún cambio y la sociedad permanecería estancada. Es inevitable, pues, recurrir a la mayoría, que siempre es mejor que la minoría. Para forjarla los «agregacionistas» proponen sumar los intereses individuales y satisfacer los de la mayoría.

Frente a semejante propuesta ha surgido desde los años noventa del siglo xx una amplia corriente que defiende una democracia deliberativa y critica a los agregacionistas sobre todo por cuatro razones: 1) El agregacionista entiende que los ciudadanos forman sus intereses en privado y después los agregan públicamente, cuando lo bien cierto es que los intereses de las personas se forman socialmente. 2) Una forma de gobierno en la que los ciudadanos sólo buscan su interés particular, como si no fuera posible forjarse una cierta voluntad común, no es una democracia auténtica. La agregación de intereses es lo que Rousseau llamaba la «voluntad de todos», aquella a la que se llega cuando cada uno piensa en su interés particular, mientras que la «voluntad general» es aquella a la que se llega cuando los ciudadanos piensan en el bien común. 3) Reducir la participación del pueblo a la elección de representantes mediante el voto es hacer dejación de la autonomía de los ciudadanos. 4) Es posible transformar los intereses contrapuestos en voluntad común a través de la deliberación y de la amistad cívica. Es posible pasar de «yo prefiero esto» a «nosotros queremos X porque es lo justo».

La democracia agregativa, a fin de cuentas, cree contar sólo con individuos atomizados, aunque en este caso sean más racionales que en la democracia emotiva. Individuos que no están unidos por vínculos cívicos, capaces de implicarles en la tarea de forjar una voluntad común. En esta democracia agregativa tienen también una enorme influencia los mensajes y los argumentarios de los partidos políticos y la potencia de los medios de comunicación. Claro que ninguna de estas formas de democracia se da en estado puro, sino que cualquier democracia existente es una forma mixta de las tres, pero, como ya hemos comentado, importa saber cuál es la proporción y hacia dónde se debe caminar.

5. La democracia del pueblo

La democracia comunicativa es aquella en que los ciudadanos intentan forjarse una voluntad común en cuestiones de justicia básica, a través del diálogo sereno y la amistad cívica.[9] Cuenta, pues, con pueblo, más que con masa.

Los ciudadanos que componen el pueblo son conscientes de que las discrepancias son inevitables, que los desacuerdos componen en principio la sustancia de una sociedad pluralista. Pero saben también que en cuestiones de justicia es indispensable dialogar y tratar de descubrir acuerdos. No en cuestiones de vida buena, de lo que vengo llamando desde hace tiempo «éticas de máximos», sino en relación con esos mínimos de justicia por debajo de los cuales no se puede caer sin incurrir en inhumanidad. Las propuestas de vida feliz son cosa del consejo y la invitación, son cuestiones de opción personal; pero las exigencias de justicia reclaman intersubjetividad, piden implicación a la sociedad en su conjunto.[10] Y una sociedad mal puede construir conjuntamente su vida compartida si no se propone alcanzar con el esfuerzo conjunto metas de justicia desde ese vínculo al que Aristóteles llamó «amistad cívica».

Sin contar con un pueblo unido por la amistad cívica no existe democracia posible. La amistad cívica es la que une a los ciudadanos de un Estado, conscientes de que, precisamente por pertenecer a él, han de perseguir metas comunes y por eso existe ya un vínculo que les une y les lleva a intentar alcanzar esos objetivos, siempre que se respeten las diferencias legítimas. No se construye una vida pública justa desde la enemistad, porque entonces faltan el cemento y la argamasa que unen los bloques de los edificios, falta la «mano intangible» de la que habla el republicanismo filosófico. La mano intangible de las virtudes cívicas y, sobre todo, de la amistad cívica. Junto a la mano visible del Estado y la presuntamente invisible del mercado, es necesaria esa mano intangible de ciudadanos que se saben y sienten artesanos de una vida común.

Pero yendo todavía más lejos, conviene recordar que una persona en solitario es incapaz de descubrir qué es lo justo y necesita para lograrlo del diálogo con otros, celebrado en condiciones los más racionales posible. El diálogo no sólo es necesario porque es intercambio de argumentos que pueden ser aceptables para otros, sino también porque tiene fuerza epistémica, porque nos permite adquirir conocimientos que no podríamos conseguir en solitario. Nadie puede descubrir por su cuenta qué es lo justo, necesita averiguarlo con los otros.

Y si es cierto que la democracia exige una identificación entre los autores de las leyes y sus destinatarios, no es de recibo que una parte de la población perciba algunas leyes como injustas. Es preciso esforzarse por descubrir acuerdos sobre mínimos de justicia.

La democracia comunicativa es representativa, sabe que el mejor modelo entre los que hemos ideado consiste en la participación del pueblo en los asuntos públicos a través de representantes elegidos, a los que pueden exigirse competencia y responsabilidades. Pero exige llevar a cabo al menos cuatro reformas: tratar de asegurar a todos al menos unos mínimos económicos, sociales y políticos, perfeccionar los mecanismos de representación para que sea auténtica, dar mayor protagonismo a los ciudadanos, y propiciar el desarrollo de una ciudadanía activa, dispuesta a asumir con responsabilidad su protagonismo.[11]

Tratar de asegurar a todos unos mínimos de justicia es condición indispensable para que una sociedad funcione democráticamente, no se puede pedir a los ciudadanos que se interesen por el debate público, por la participación pública, si su sociedad ni siquiera se preocupa por procurarles el mínimo decente para vivir con dignidad. Éste es un presupuesto básico que ya no cabe someter a deliberación, sobre lo que se debe deliberar es sobre el modo de satisfacer ese mínimo razonable, teniendo en cuenta los medios al alcance.

Conseguir una mejor representación, que sería la segunda tarea, no es fácil, pero cabría ir proponiendo sugerencias como asegurar la transparencia en la financiación de los partidos para evitar la corrupción como una condición de supervivencia democrática; confeccionar listas abiertas, que permitan a los ciudadanos no votar a quienes no desean y quitar fuerza a los aparatos, evitando en cada partido el monopolio del pensamiento único; eliminar los argumentarios, esos nuevos dogmas a los que se acogen militantes, simpatizantes y medios de comunicación afines, impidiendo que las gentes piensen por sí mismas; prohibir el mal marketing partidario que consiste en intentar vender el propio producto desacreditando al competidor, olvidando que el buen marketing convence con la bondad de la propia oferta; penalizar a los partidos que, al acceder al poder, no cumplen con lo prometido ni dan razón de por qué no lo hacen; acabar con la partidización de la vida pública, con la fractura de la sociedad en bandos en cualquiera de los temas que le afectan; propiciar la votación por circunscripciones, favoreciendo el contacto directo con los electores.

Éstas serían algunas propuestas para mejorar la representación, pero la buena representación, con ser esencial, no es el único camino para que los ciudadanos expresen su voluntad. Es necesario multiplicar las instancias de deliberación pública, en comisiones, comités y otros lugares cualificados de la sociedad civil, impulsar las «conferencias de ciudadanos», y abrir espacios para que las gentes puedan expresar sus puntos de vista en nuevas ágoras. Éste es el espacio de la opinión pública —no sólo publicada—, indispensable en sociedades pluralistas, que hoy se amplía en el ciberespacio, pero sigue reclamando lugares físicos de encuentro, de debate cara a cara, porque nada sustituye la fuerza de la comunicación interpersonal.

Un paso más consistiría en delimitar, como mínimo, una parte del presupuesto público, y dejarla en manos de los ciudadanos para que decidan en qué debe invertirse, mediante deliberación bien institucionalizada y controlada, aprendiendo de experiencias como las de Porto Alegre, Villa del Rosario, Kerala y una infinidad de lugares no tan emblemáticos a lo largo y ancho de la geografía.[12]

La meta consiste, como es obvio, en ir consiguiendo que los destinatarios de las leyes, los ciudadanos, sean también sus autores, a través de la representación auténtica y la participación de los afectados. Éste es uno de los caminos posibles para evitar que la desmoralización destruya nuestra sociedad democrática.

* * *

¿Para qué sirve la ética? Para ayudar a construir una democracia más auténtica, que sea gobierno del pueblo.

Notas

1. Para la discusión sobre si los frescos de Lorenzetti hunden sus raíces en la tradición aristotélica y tomista o en la prerrenacentista italiana, ver Quentin Skinner, *El artista y la filosofía política. El Buen Gobierno de Ambrogio Lorenzetti*, Trotta/Fundación Martín Escudero, Madrid, 2009.

2. Nancy Sherman, «Taking responsibility for our emotions, en E. E. Paul, J. R. Miller y J. Paul (eds.), *Responsibility*, Cambridge University Press, pp. 294-324.

3. Joseph Schumpeter, *Capitalismo, socialismo y democracia*, Aguilar, Madrid, 1971.

4. *Ibid.*, p. 321.

5. *Ibid.*, p. 343.

6. Nicolás Maquiavelo, *El Príncipe*, Cátedra, Madrid, 1985, p. 129.

7. Robert A. Dahl, *La poliarquía*, Tecnos, Madrid, 1989.

8. John Dewey, *Lo público y sus problemas*, Morata, Madrid, 2004, p. 168.

9. La democracia comunicativa es una variante de la deliberativa. Para la democracia deliberativa ver Benjamin Barber, *Democracia fuerte*, Almuzara, Granada, 2004; J. M. Bessette, «Deliberative Democracy: The Majority Principle in Republican Government» en R. A. Goldwin & W. A. Schambra (eds.), *How Democratic is the Constitution?*, American Enterprise Institute, Washington, D.C., 1980, pp. 102-116; James Bohman, *Public Deliberation*, The MIT Press, Cambridge, Ma./London, 1996; James Boh-

man & W. Rehg, *Deliberative Democracy*, The MIT Press, Cambridge, Ma./ London, 1997; David A. Crocker, *Ethics of Global Development. Agency, Capability and Deliberative Democracy*, Cambridge University Press, Cambridge, 2008; J. S. Dryzek, *Deliberative Democracy and Beyond*, Oxford University Press, 2000; John Elster (ed.), *Deliberative Democracy*, Cambridge University Press, 1998; J. Fishkin, *Democracy and Deliberation*, Yale University Press, New Haven, 1971; Ernesto Ganuza y Francisco Francés, *El círculo virtuoso de la democracia*, CIS, Madrid, 2012; Amy Gutmann & Dennis Thompson, *Democracy and Disagreement*, Harvard University Press, Cambridge. Ma. 1996; Amy Gutmann & Dennis Thompson, *Why Deliberative Democracy?*, Princeton University Press, 2004; Jürgen Habermas, *Facticidad y validez*, Trotta, Madrid, 1998; Carlos S. Nino, *La constitución de la democracia deliberativa*, Gedisa, Barcelona, 1997; Pedro Pérez Zafrilla, *Democracia Deliberativa*, Universidad de Valencia, 2009; John Rawls, «The Idea of Public Reason Revisited», en *Collected Papers*, editado por Samuel Freeman, Harvard University Press, Cambridge, Ma., 573-615. Para mi propuesta de democracia comunicativa ver A. Cortina, *Justicia cordial*, Trotta, Madrid, 2010, cap. 7; «Ciudadanía democrática: ética, política y religión, *Isegoría*, nº 44 (2011), pp. 13-55.

10. De ello nos ocuparemos en el próximo capítulo.

11. En este sentido, son interesantes las propuestas de José Rubio en *Ciudadanos sin democracia*, Comares, Granada, 2005.

12. Ver los ejemplos que presentan Ernesto Ganuza y Francisco Francés en *El círculo virtuoso de la democracia: los* presupuestos *participativos a debate*, CIS, Madrid, 2012.

9

CONJUGAR JUSTICIA Y FELICIDAD

1. Dos horizontes de la ética

«¿En qué consiste la ética?», suele preguntar el periodista interesado a lo largo de una entrevista.

«En conjugar justicia y felicidad», es la respuesta que, a mi juicio, resulta más exacta cuando las palabras están tan medidas como lo están las que pueden publicarse en un periódico.

Justicia y felicidad son los dos grandes horizontes de la ética, que no siempre resulta fácil articular, pero es preciso lograrlo. Porque no es humano un proyecto de felicidad que deje a los más débiles por el camino, ni son verdaderamente vigorosas las exigencias de justicia que no aspiran a una vida en plenitud. Pero importa aclarar qué se entiende por «justicia» y qué por «felicidad» cuando se trata de vincularlas, porque son dos grandes nombres, pero no es fácil saber qué significan.

En lo que hace a la justicia, es más sencillo averiguarlo, porque significa «dar a cada uno lo que le corresponde», pero las dificultades empiezan al intentar determinar qué le corresponde a cada uno. En la Edad Antigua se consideraba justa la esclavitud, y en la Edad

Media se dio por bueno el derecho de pernada, el derecho del señor a disfrutar de la recién casada durante la noche de bodas. En algunas culturas los sistemas de castas marcan el lugar que le corresponde a cada persona y está prohibida la relación entre gentes de distintas castas. Y así continuaríamos casi hasta el infinito, porque el número de concepciones de la justicia que ha atravesado la historia es ingente. Pero este relativismo en la forma de entender qué corresponde a cada uno cuando hablamos de épocas diferentes no vale ya para la nuestra, porque la conciencia moral de nuestro tiempo se ha expresado públicamente a través de declaraciones en las que se asegura que todos los seres humanos tienen derecho a la vida y a un conjunto de derechos que, por pertenecer a toda persona, han recibido el nombre de «humanos». Y aunque son los Estados y las Naciones Unidas los encargados de cuidar especialmente de su protección, nadie está autorizado para violarlos y, yendo aún más allá, cualquiera que pueda ayudar a proteger un derecho de las personas está obligado en justicia a hacerlo.

No puede decirse hoy en día que optar o no por esclavizar a otros o por degradarlos es una «cuestión muy personal», porque no lo es. No opta cada quien por un modelo según su buen saber y entender, sino que las exigencias de justicia son muy interpersonales: debemos exigirnos mutuamente como mínimo el respeto a los derechos de todas y cada una de las personas. La justicia es muy exigente, y en nuestro tiempo tiene un listón muy claro: el de esos derechos a los que llamamos humanos; un listón por debajo del cual no se puede caer sin cometer injusticia, sin caer bajo mínimos de humanidad. Por desgracia, poner el termómetro de la justicia a los diferentes países tendría por resultado que, con mayor o menor temperatura, ninguno llega a treinta y seis y medio.

Por el contrario, la felicidad tiene una naturaleza muy diferente, es más huidiza. La opción por una forma u otra de vida feliz es muy personal, nadie puede exigir a otros que sean felices de una manera determinada, sino que cada persona es la que ha de optar por un camino u otro. No es que sea una cuestión muy subjetiva, como se dice en ocasiones, como si cada quien se encaminara por un sendero para encontrarla y no pudiera dialogar con otros sobre si es acertado o no; como si no pudiera aprender también de las experiencias ajenas, de las tradiciones en las que se ha educado, de la literatura, la historia, la filosofía y la religión. Todos nuestros proyectos y aspiraciones son en muy buena parte aprendidos, somos lo que somos —como decía Georges H. Mead— por nuestra relación con otros. Por eso es decisivo para el guión de la propia novela encontrarse con unos modelos de vida u otros, encarnados en personas que se van haciendo significativas para nosotros. Aprendemos en muy buena medida por imitación y dar con unos ejemplos más o menos vigorosos a lo largo de la vida es esencial.[1] Pero también es verdad que al final, en esto de optar por unos caminos u otros hacia la felicidad, es cada persona la que tiene que hacer su apuesta, con riesgo de equivocarse y con la esperanza de acertar.

A diferencia de lo que ocurre con la justicia, no puede exigirse a nadie que viva según un modelo de vida en plenitud, no es cuestión de exigencia, sino de consejo, invitación, experiencia personal, ilusión y apuesta. Aprendemos de modelos que nos parecen atractivos, y de las experiencias de quienes nos merecen crédito. Por eso he insistido a menudo en que es preciso distinguir entre los mínimos de justicia, que son universalmente exigibles, y los máximos de vida feliz, de vida buena, que son cosa de aspiración, invitación, consejo y de asunción personal.[2]

Con todo, y aunque es verdad que los modelos de vida buena se multiplican y no es fácil saber cuáles pueden ser de verdad felicitantes para cada persona, algo en común debe haber entre ellos, porque se trata de felicidad humana. Por eso vamos a intentar adentrarnos brevemente en sus vericuetos para ver de desentrañar en qué consiste, aunque sea en esbozo.

2. El fin de la vida humana

El 28 de junio de 2012 la Asamblea General de Naciones Unidas decidió proclamar el día 20 de marzo como Día Internacional de la Felicidad. El propósito de tal proclamación consistía explícitamente en recordar cada año que la búsqueda de la felicidad es un objetivo humano fundamental y también que los Estados nacionales deben reconocerlo en sus políticas. La felicidad y el bienestar han de convertirse —dice la resolución— en objetivos de las políticas públicas.

Al leer afirmaciones como éstas es inevitable preguntar si los Estados pueden hacer felices a sus ciudadanos, o si más bien ocurre que ni pueden ni deben intentarlo, porque ese de hacer feliz a la ciudadanía es el programa de todas las dictaduras y de todos los totalitarismos, empeñados en considerar a los ciudadanos como incompetentes en saber qué les hace felices y necesitados, por tanto, del paternalismo del Estado, que sí que sabe lo que les conviene. Y lo que les conviene suele coincidir, curiosamente, con lo que le conviene al gobierno correspondiente. Recuerdo hace años que en el transcurso de una campaña electoral un político anunció el propósito de su partido de hacernos felices a los españoles, y desde ese momento supe a quién no tenía que votar.

El deber de los Estados consiste más bien en poner las bases de justicia indispensables para que cada persona pueda llevar adelante los planes de vida que tenga razones para valorar, siempre que no impida a las demás hacer lo mismo. Consiste en poner los requisitos de justicia desde los que es posible el florecimiento humano. Y aun así, cada persona, para ser feliz, tendrá que contar con la suerte y con los dones, con los regalos que pueda recibir a lo largo de su vida. No se conquista la felicidad por el puro esfuerzo. El esfuerzo se emplea en la formación del carácter que puede hacernos más felices, pero el juego de la fortuna es también una pieza indispensable, como lo es la aceptación de esos regalos que llegan por pura gratuidad. Como decía José Luis Aranguren, la felicidad es más jansenista que pelagiana, depende más de los dones que se reciben que del esfuerzo personal.

En cualquier caso, no es al Estado a quien corresponde hacer felices a los ciudadanos, sino que su deber consiste en ser justo. Y ¿qué es entonces la felicidad?

A lo largo de la historia de la filosofía occidental han ido apareciendo distintos personajes, encarnando el ideal de la vida feliz. Creía verlo Aristóteles en el sabio contemplativo que puede dedicar su existencia al estudio de la cosmología, la metafísica y la teología, a escudriñar los principios misteriosos del universo, pero también a implicarse en el quehacer humano, ético y político. Epicuro tenía por feliz a quien sabe calcular la cantidad y la intensidad del placer que proporcionan distintas opciones y apuesta por la que supone un máximo de placer. Los estoicos presentaban como ideal de sabio al que quiere asegurarse un ánimo sereno ante los cambios de la fortuna y opta por los bienes interiores sin poner su confianza en lo que depende del destino. Santo Tomás de Aquino estaba convencido de que la vida feliz consiste en la contemplación, pero en la contemplación de Dios que es el bien supremo, y en el cumplimiento de la ley natural que imprime en las criaturas. Spinoza se esforzaba por distinguir entre las pasiones que potencian la vida y las que la debilitan y aconsejaba reforzar las primeras. John S. Mill consideraba que la persona feliz es la que potencia sus sentimientos sociales, que son la mayor fuente de placer.

Pero no sólo la filosofía se ha ocupado en tratar de los rasgos de la vida feliz, sino también y muy especialmente las religiones. El ideal del Buda, que intenta arrancar las fuentes del sufrimiento ajeno y propio; el de algunas comunidades indígenas de Iberoamérica que apuestan por el Sumak Kawsay o el Suma Kamaña, es decir, por el Buen Vivir, que exige las relaciones armónicas de los seres humanos entre sí y con la naturaleza;[3] el anuncio cristiano de que son dichosos los pobres, los misericordiosos, los que tienen un corazón sencillo, los que trabajan por la paz.

Y así podríamos continuar con estos ideales de felicidad que han ido diseñando a lo largo de la historia, más o menos sistemáticamente, con la teoría o con la vida, creadores que al menos una cosa tenían en común al lanzar sus propuestas de felicidad: la convicción de que es el fin de la vida humana, la meta que todos los seres humanos quieren alcanzar con cada una de sus actuaciones. No una meta que está al final de la vida, como si fuera la última estación de un tren, sino la que se persigue en cada acto que realizamos, en cada decisión que tomamos, en cada elección, dándole una dirección, un sentido.

Por eso les hubiera resultado muy extraño encontrarse con artículos, como los que hoy menudean, en los que se aconseja ser feliz para tener buena salud, porque la felicidad —se dice— es buena para el corazón, evita el insomnio, ayuda a soportar el dolor, fortalece el sistema inmunológico y tiene un sinfín de ventajas más. «Y todo —aseguran— nada más por sentirse feliz.»

Evidentemente, ante tales despropósitos la pregunta se impone: ¿la felicidad es buena para la salud o la salud es buena para la felicidad? Porque con este afán de poner la felicidad al servicio de cualquier otra cosa, sea la salud, sea el bienestar del cuerpo y de la mente, estamos perdiendo su significado más propio. Lo que la distingue de cualquier otra meta, lo que la hace única y por eso más deseable, es que no sirve para ninguna otra cosa, sino que todas las demás cosas se hacen por ella. Por eso decía Aristóteles que los honores, el placer, el entendimiento y toda virtud los deseamos por sí mismos, porque los querríamos aunque no resultara nada de ellos, pero también los deseamos con vistas a la felicidad, pues creemos que seremos felices por medio de ellos. «En cambio —aseguraba—, nadie busca la felicidad por estas cosas, ni en general, por ninguna otra.»[4]

No tiene sentido preguntar «ser feliz, ¿para qué?» porque la felicidad es la meta última, lo que se busca con todo lo demás. En cambio, sí que tiene sentido preguntar «salud, ¿para qué?», «estudiar, ¿para qué?», «bienestar, ¿para qué?».

Y precisamente porque se busca con las distintas acciones, no es cosa fugaz, que dure unos momentos, ni siquiera unas horas o unos días. Sentir contento y satisfacción en un momento determinado tiene pleno sentido, cuando alguien ha conseguido lo que se proponía o cuando recibe una buena noticia o un buen regalo. Pero ser feliz es otra cosa, tiene que ver con proyectos e ideales que se plantean para el plazo, sea corto o largo, de la propia vida. Proyectos e ideales que sin duda pueden rectificarse y cambiarse según la experiencia, pero que no se reducen a sentirse bien, a bien-estar.

A la felicidad se le pide continuidad, es un modo de ser, no sólo un modo de estar. Se es feliz, se quiere ser feliz, no se está feliz, mientras que sí que se está sano o enfermo, disgustado o contento. La felicidad tiene que ver con una cierta permanencia del tono vital. La vida humana tiene una tonalidad y cuando el sentirse de acuerdo con ella afecta a la vida en su conjunto, es felicidad.[5] Hasta el punto de que algunos filósofos griegos consideraban que no se puede decir de alguien si ha sido feliz o no hasta que haya muerto, porque a la persona más templada pueden sobrevenirle desgracias que impiden hablar de una existencia feliz. ¿Podía decirse de Príamo, rey de Troya, que fue feliz teniendo en cuenta las desgracias de su última época?[6]

3. El ábaco del bienestar

Y aquí nos detenemos un momento porque hemos mencionado el término «bienestar», con el que se va identificando la felicidad en el mundo moderno. Frente al significado de vida en plenitud, de vida digna de ser vivida, la felicidad va identificándose con un término bastante más modesto, pero bastante más manejable, que es el de bienestar. Estar bien depende de experiencias placenteras, de sentirse a gusto consigo mismo y con otros, con el entorno que nos rodea y con el futuro previsible, aunque sobre todo tiene que ver con el presente. Con un presente que eternizaríamos, cuando se está bien en él.

La felicidad, entendida como bienestar, consistiría en conseguir el máximo posible de bienes sensibles, el disfrute de una vida placentera. Y es entonces cuando empieza a hacerse dudoso que una felicidad, así entendida, pueda dar cabida a la justicia.

Es lo que venía a decir Kant cuando se preguntaba si puede afirmarse sin más que las personas virtuosas son felices. Así lo creían los filósofos griegos, que el bien obrar lleva a la felicidad porque la felicidad consiste en obrar bien y tener buena suerte. Así lo han entendido, aunque con matices, el budismo, las religiones monoteístas y las tradiciones indígenas del Buen Vivir. Pero a partir del mundo moderno la felicidad va entendiéndose como bienestar y entonces no es evidente en modo alguno que quienes obran bien estén bien, que gocen del conjunto de los bienes sensibles. Y en lo que hace a la justicia, muy bien puede ocurrir que quien quiera ser justo tenga que renunciar a estar bien.

Trabajar por la justicia es incómodo, exige afrontar situaciones desagradables que van desde lo más sencillo en la vida cotidiana, desde el ir a contracorriente en un mundo conformista y camaleónico, al riesgo de cárcel, tortura y muerte, que han sufrido y sufren tantos seres humanos en la historia. Por eso cuesta tanto conjugar justicia y felicidad, porque a menudo la felicidad no se entiende como autorrealización, acompañada de una cierta suerte, sino como estar bien. Y, como se dice en mi tierra, «el que estiga bé que no es menetge», el que esté bien, que no se mueva.

Por si faltara poco, el bienestar puede medirse, porque hay parámetros que lo permiten, y entonces puede saberse con números contantes y sonantes qué personas y qué países son más felices, entendiendo por «felices» que se sienten bien, «bienestantes». Cosa que en muy buena medida depende de las posibilidades de consumo.

4. Consumo y valores economicistas

Desde hace algún tiempo el bienestar viene ligándose a las posibilidades de consumo, a la posibilidad de consumir mercancías, hasta el punto de que nuestras sociedades han llegado a convertirse en sociedades de consumo. Que no son aquellas en las que las gentes consumen recursos, porque consumir es inevitable para los seres humanos si no quieren perecer, sino aquellas en las que el consumo se ha convertido en la dinámica central de la vida social, y muy especialmente el consumo de mercancías que no son necesarias para la supervivencia. Si no es en situaciones de miseria, en las que las personas se ven obligadas a invertir sus recursos en lo necesario para sobrevivir, la tendencia a consumir bienes que no satisfacen necesidades básicas, sino deseos ilimitados, puede constatarse en todas las sociedades.[7]

Por si faltara poco, parece que tenía razón Galbraith cuando aseguraba que cuando una sociedad se hace más opulenta, los deseos se crean de forma creciente por el mismo proceso por el que se satisfacen. No puede decirse que es mayor el bienestar en un nivel más alto de producción que en uno más bajo, sino que puede ser el mismo. La diferencia estriba en que en un nivel más alto de producción de mercancías hay un nivel más elevado de producción de deseos que necesitan ser satisfechos. Con lo cual, dice Galbraith, se debe llamar «Efecto Dependencia» al modo en que los deseos dependen del proceso por el que se satisfacen.[8] Sucede entonces que en la sociedad consumista los productos no se diseñan para acomodarse a los consumidores, sino a la maximización del beneficio y al posicionamiento de los productores en el mercado. Y los productores crean un carácter consumidor en las gentes, un *êthos* consumista, para que consuman de forma indefinida. Por eso en las sociedades ricas nunca hay bastante, porque los productores crean deseos indefinidos, manipulando las motivaciones de las gentes. Podríamos decir entonces que en el momento actual hay sociedades insatisfechas porque no tienen los bienes de consumo suficientes para satisfacer sus necesidades, y otras también insatisfechas porque para satisfacer las necesidades se crean nuevos deseos y nunca hay bastante.

Sin duda esto es verdad sólo en parte, porque también lo es que los consumidores tienen libertad a la hora de elegir y que el marketing ha de detectar sus motivaciones y deseos para no fracasar. Pero también es verdad que en conjunto la necesidad de vender la producción lleva a los productores a intentar generar unos deseos en las gentes, a persuadirles de que alcanzarán el bienestar si llegan a satisfacerlos. Así se generan esas sociedades de consumo, convencidas de que poseer y usar una variedad creciente de bienes y servicios constituye el camino más seguro para la felicidad personal, el estatus social y el éxito de un país.[9]

Si a ello se añade que, tal como hemos organizado nuestras sociedades, sin consumo no hay producción y sin producción no se generan puestos de trabajo, con todo lo que eso supone, cae por su base la ingenuidad de Adam Smith cuando afirmaba que «el consumo es el único fin y propósito de la producción; y el interés del productor debe atenderse sólo en la medida en que sea necesario para promover el del consumidor. La máxima es tan completamente autoevidente que resultaría absurdo intentar probarla».[10]

Realmente, la máxima no es evidente, sino todo lo contrario: el consumo se ha convertido en el motor de la producción. Por eso sucede que para mantener la economía es necesario que consuman los que tienen capacidad adquisitiva suficiente para pagar su consumo. Y la única forma de lograrlo es intentar persuadir a los potenciales consumidores de que el consumo proporciona grandes dosis de bienestar; empresa en la que han tenido éxito.

Después se puede criticar el imperialismo de los mercados, lamentar que los valores economicistas estén impregnando nuestras sociedades y expulsando a los valores espirituales, protestar por el aterrizaje de Eurovegas en España, acusar a la reforma educativa de querer forjar técnicos competentes para el mercado de trabajo, más que ciudadanos y profesionales.[11] Se puede criticar lo que se quiera. Pero si el consumo es el motor de la producción, y si los ciudadanos hemos de asumir un carácter consumista para que la sociedad funcione, la cosa no tiene arreglo. La felicidad se reduce a bienestar y ese estar bien se identifica con las posibilidades de consumo.

Pero como esto no es verdad, como la felicidad no consiste en consumir indefinidamente, es necesario cambiar las tornas sociales, y en vez de generar un carácter consumista, preguntarse qué carácter debería forjarse quien quiera hacer de su forma de consumo una oportunidad para llevar adelante una vida feliz.

Es evidente que tenemos que consumir si queremos seguir viviendo, pero la forma de vida de consumo que elijamos depende de nuestra libertad.[12] Incluso podemos renunciar a consumir y optar por una huelga de hambre cuando un ideal nos parece superior a nuestra propia vida. Pero éstos son casos excepcionales; en la vida corriente lo que sí elegimos es nuestra forma de consumo. Y entonces la pregunta sería: ¿de qué virtudes tendríamos que ir apropiándonos para orientar nuestras decisiones hacia una vida digna de ser vivida, hacia una vida feliz?

En *Por una ética del consumo* propuse dos virtudes, estrechamente ligadas entre sí, que considero esenciales para configurar un carácter felicitante, aunque siempre con la conciencia de que la felicidad no depende sólo de la forja del carácter, sino también de la suerte: la lucidez y la cordura.

La lucidez permite a una persona desentrañar los motivos por los que consume y los mecanismos sociales que le inducen a consumir unos productos u otros, como también le permite calcular lo que los economistas llaman el «coste de oportunidad», lo que pierde cuando opta por determinadas formas de consumo. Entre los motivos contarían el afán de comodidad, belleza, disfrute, eficacia, pero también el deseo de emulación, sentido de la igualdad, afán compensatorio, necesidad de seguridad, curiosidad por lo nuevo, búsqueda de experiencias. En cuanto a los mecanismo sociales, serían la creencia por la que se identifica la autorrealización con el éxito manifiesto expresado en la posesión de objetos costosos, la estructura comercial que ha impregnado la estructura social de forma que nuestras relaciones están habitualmente mediadas por bienes del mercado, el mito de que el progreso consiste en el progreso tecnológico y que se trata, por tanto, de maximizarlo y adoptar formas de vida en que los productos técnicos son indispensables, la convicción generalizada de que lo natural es consumir de forma creciente y que moderar el consumo es retroceder. Todos estos mecanismos se plasman en esos parámetros por los que se mide presuntamente el bienestar de los pueblos, y que son el ingreso y las mercancías.

La lucidez permite tomar conciencia de que el carácter, el *êthos* consumista no es natural, sino que está creado artificialmente, y que con él se pierde una gran cantidad de oportunidades felicitantes. Deconstruir el sistema comercial que impele al consumo y tomar conciencia de que gastar crea adicción serían tareas de su competencia.[13] Y en lo que hace al sistema económico, percatarse de que el consumo no puede convertirse en motor de la producción, porque entonces obliga a crear un *êthos* consumista.

La cordura, por su parte, no figura en la tradición clásica de las virtudes, que suele referirse a la prudencia como virtud apropiada para dilucidar cómo llevar adelante una vida digna de ser vivida. La prudencia permite discernir entre el exceso y el defecto, entre el desprecio de los bienes materiales, que olvida que también son oportunidades de crecimiento, y el entreguismo a las mercancías, que conduce a una sociedad mercantilizada, gobernada por valores economicistas.

La vida en plenitud no se alcanza compitiendo por el máximo, sino buscando los bienes materiales suficientes para poder llevar a cabo actividades que valen por sí mismas. La prudencia muestra que el proyecto de una vida de calidad debería prevalecer sobre el proyecto de acumular una gran cantidad de bienes. Y muestra también que una vida de calidad es la que puede mantenerse con un bienestar razonable; una vida inteligente, dispuesta a valorar los bienes que no pertenecen al ámbito del consumo indefinido, sino al ámbito del disfrute sereno. Figuran entre ellos el disfrute de las relaciones humanas, el ejercicio físico, el deporte, el contacto con la naturaleza, el trabajo gratificante, y los bienes culturales, como pueden ser la lectura, escuchar música, asistir a cursos, clases y conferencias. Precisamente se trata de un tipo de actividades que no precisan productos del mercado, o sólo los tienen como ocasión.[14]

El consumidor prudente es el que coge las riendas de su consumo y opta por la calidad de vida frente a la cantidad de los productos, por una cultura de las relaciones humanas, del disfrute de la naturaleza, del sosiego y la paz, reñida con la aspiración a un consumo ilimitado. Por formas de vida con calidad, que afortunadamente pueden universalizarse.

Sin embargo, la prudencia entendida como la virtud de lo suficiente y de la calidad de vida frente a la cantidad de los bienes, puede ser una virtud sin corazón si quien la ejerce olvida que no es un individuo aislado, que precisamente ha llegado a ser persona y a disfrutar de bienes porque otras personas le han reconocido como tal. La categoría básica del mundo social, hemos insistido en este libro, no es el individuo, sino el reconocimiento recíproco de sujetos, que se saben sujetos por este reconocimiento básico. Por eso los cálculos prudenciales de individuos aislados son falsos e inmorales. Son falsos, porque no existe el individuo aislado, dueño en exclusiva de sus bienes. Son inmorales, porque carecen de corazón al construirse al margen de la justicia.

Ésa es la razón por la que proponemos la cordura como virtud soberana para alcanzar la felicidad. La cordura, que enraíza las ponderaciones sobre lo suficiente y sobre la vida de calidad en el corazón de lo justo. La cordura, que es un injerto de la prudencia en el tronco de la justicia.[15]

5. El florecimiento humano

Qué duda cabe de que tendemos a cifrar la felicidad en aquello que echamos en falta. Hace ya algunos años, hablando en clase de la vida feliz, alguien sacó a colación los célebres ingredientes de la canción «Tres cosas hay en la vida: salud, dinero y amor», consiguiendo con ello el aplauso general. A continuación se entabló un animado diálogo sobre cuál de ellos proporcionaría mayor felicidad, y salió como conclusión que el amor es esencial para una vida buena, que el dinero parecía también una cosa muy seria, y, sin embargo, la salud, siendo jóvenes como eran, no parecía importarles gran cosa. De hecho, más tarde una de la alumnas de la Nau Gran, de ese excelente invento por el que personas mayores ingresan en las aulas aunque no pretendan obtener un título de licenciado o de graduado, me comentó cómo al mencionar los tres ingredientes de la felicidad que recoge la canción, su vecino, un muchacho no muy agraciado, dijo suspirando «amor». Mientras ella había dicho, también suspirando, «salud». Aquello que echamos en falta nos parece un componente indispensable de la felicidad.

Sin embargo, podríamos decir que la felicidad, en el más amplio sentido de la palabra, consiste en el florecimiento de todas nuestras mejores potencialidades y capacidades. Algunos autores las ordenan en torno a «fortalezas» como la sabiduría y el conocimiento, el coraje, la disposición a cuidar de los demás y hacerse cargo de ellos, la templanza, y el sentido de la trascendencia, que da sentido a la vida en su conexión con el universo.[16] En este libro, al aludir a la forja del carácter, hemos preferido recurrir al lenguaje de las virtudes, de aquellas excelencias del carácter que nos predisponen a obrar en el sentido de la felicidad. No porque vayamos a competir unos con otros por destacar en esas excelencias, sino porque vamos a competir con nosotros mismos para estar más preparados en esto de la felicidad.

Tradicionalmente se ha hablado de la prudencia, la justicia, la fortaleza y la templanza como virtudes cardinales, como las que constituyen el quicio de una vida buena, pero aquí hemos preferido unir las dos primeras en la cordura, que echa mano de las razones de la razón y de las razones del corazón. Porque hacemos nuestra vida ligados unos a otros, somos en vínculo, y nadie puede llevar a plenitud sus potencialidades en solitario. Pero también porque las virtudes no sólo son fecundas para cada persona, sino también para la sociedad en la que vive.

No entra entonces la felicidad en litigio con la justicia, sino que se hacen una con otra, precisamente porque la felicidad no se reduce al bienestar, sino que abre sus fronteras hasta donde alcance el horizonte de la plenitud humana. Hasta donde tienen lugar los proyectos ilusionados, la capacidad de crear, la de escribir el guión de vidas con sentido. Los hombres —decía Nietzsche— necesitamos más el sentido que la felicidad. Y sin embargo, tal vez sea más verdadero decir que el sentido es un componente de la felicidad, siempre que se entienda como vida digna de ser vivida, como vida en plenitud.[17] Una vida que no acontece sin esas excelencias del carácter entre las que cuentan la cordura, hecha de justicia y prudencia, el coraje y el autodominio, pero también la solidaridad y el amor, porque escribimos de nuestro puño y letra el guión de nuestra propia novela, pero la hacemos con otros.

¿Y qué ocurre con el final de las novelas? Porque somos nuestras narraciones, somos nuestros relatos, pero los relatos se abren al futuro, y en ellos palpita a menudo un ansia de inmortalidad, una esperanza de vida futura, la esperanza de que con la muerte no todo se lo traga la tierra.[18] Una aspiración tan profunda ¿no tiene cabida en nuestras historias?

Somos nuestros relatos, eso es cierto, pero también lo es que nos integramos en el río de comunidades de sentido, de comunidades de contadores de historias, que van tejiendo un contexto con que interpretar las nuestras. El sueño del Sumak Kawsay, del Suma Kamaña, el de la comunidad budista o hindú, el del paraíso coránico, el del Reino de los Fines, el del Reino de Dios. Contar una historia no significa plegarse a lo escrito por otros, sino convertirse en coautor de ella, en recrearla.[19] En muchos de esos relatos se abre un camino a la esperanza en la inmortalidad, a veces inmanente cuando se habla de permanecer en el recuerdo de quienes han compartido la vida o han conocido las gestas de los héroes y los sabios. Y es verdad que es hermoso poder permanecer en el recuerdo, o al menos muchos lo anhelan. Pero sería más acorde con la aspiración a una vida en plenitud, a una vida feliz, poder abrirse realmente a un mañana. Un mañana que alguien pueda y quiera regalarnos.

* * *

¿Para qué sirve la ética?

Para aprender a apostar por una vida feliz, por una vida buena, que integra como un sobrentendido las exigencias de la justicia y abre el camino a la esperanza.

Notas

1. Para el carácter imprescindible de la ejemplaridad en la vida moral y política ver Javier Gomá, *Ejemplaridad pública*, Taurus, Madrid, 2009.
2. Adela Cortina, *Ética mínima*, Tecnos, Madrid, 1986; *Ética aplicada y democracia radical*, Tecnos, Madrid, 1993, cap. 12; *Alianza y Contrato*, Trotta, Madrid, 2001, cap. 9.
3. El ideal del Buen Vivir, traducción del Sumak Kawsay (kichua ecuatoriano) y del Suma Kamaña (aymara boliviano) es un reto para la actuación del Estado, hasta el punto de que forma parte de las Constituciones de Ecuador y Bolivia.
4. Aristóteles, *Ética a Nicómaco*.
5. Julián Marías, *La felicidad humana*, Alianza, Madrid, 1987.
6. Aristóteles, *Ética a Nicómaco*, I, 9, 1100 a3-10.
7. Adela Cortina, *Por una ética del Consumo*, Taurus, Madrid, 2002.
8. John Kenneth Galbraith, *The Affluent Society*, Cambridge, Mass, Riverside Press, 1958.

9. Paul Ekins, «A Sustainable Consumer Society: A Contradiction in Terms?», en *International Environment Affairs*, vol. 4, (1991), n. 4, p. 244. Por su parte, Jerome Segal caracteriza la sociedad de consumo como aquella «que convierte en dinámica central de la vida socioeconómica el desarrollo de nuevos bienes de consumo y el deseo de tales bienes. El autorrespeto y la estima social de los individuos están estrechamente ligados a su nivel de consumo en comparación con otros individuos en la sociedad» (Segal, «Alternatives to Mass Consumption», en *Philosophy and Public Affairs*, vol. 15 (1995), n. 4, p. 276).

10. Adam Smith, *Investigación sobre la naturaleza y causas de la riqueza de las naciones*, México, F.C.E., 1982, p. 769.

11. Ver el primer punto del capítulo 7 de este libro.

12. En *Por una ética del Consumo* defendí la tesis de que consumir es un acto de libertad y propuse las claves de un modelo de consumo liberador, justo, corresponsable y felicitante.

13. En su libro *The Overspent American* (Basic Books, Nueva York, 1992) Juliet B. Schor propone nueve principios para ayudar a los estadounidenses y a su nación a salir de la escalada del consumo: controlar el deseo que lleva al consumo compulsivo, crear un nuevo simbolismo para el afán de exclusividad, autocontrolar el consumo competitivo que nunca se encuentra satisfecho, aprender a compartir los bienes, deconstruir un sistema comercial que impele al consumo, tomar conciencia de que gastar crea adición, decomercializar los rituales y darles forma no comercial, crear tiempo en vez de sacrificarlo al trabajo que lleva al salario y éste al consumo, coordinar las intervenciones de quienes deseen salir de esta forma de consumo compulsivo. Los valores desde los que sugiere estas orientaciones son la equidad y la solidaridad sociales, la sostenibilidad medioambiental, la seguridad financiera y la necesidad de tiempo para la familia y de tiempo libre. Por su parte, otros autores que abordan de algún modo la cuestión del consumo en relación con una vida digna recomiendan virtudes como la austeridad (Denis Goulet, «Voluntary Austerity, The Necessary Art», *The Christian Century*, June 8 (1966), pp. 748-752) o la frugalidad (James A. Nash, «On the Subversive Virtue, Frugality», David A. Crocker & Toby Linden (eds.), Ethics of Consumption, Rowan & Littlefield Publishers, 1998, pp. 416-436).

14. Tibor Scitovsky, *Frustraciones de la riqueza*, F.C.E., México, 1986.

15. Adela Cortina, *Por una ética del consumo*; *Ética de la razón cordial*, Nobel, Oviedo, 2007.

16. Helio Carpintero, «Una vista sobre la psicología positiva», en sesión del 4 de diciembre de la Real Academia de Ciencias Morales y Políticas, p. 10.

17. Viktor Frankl, que sufrió la experiencia de los campos de concentración, afirmaba que una vida con sentido es la clave para la comprensión de la existencia, porque el hombre puede conservar un vestigio de libertad espiritual incluso en terribles situaciones de tensión física y psíquica.

18. «Dice la esperanza: Un día la verás si bien esperas. Dice la desesperanza: Sólo tu amargura es ella. Late, corazón… No todo se lo ha tragado la tierra.» Antonio Machado, *Campos de Castilla*, en *Obras Completas*, Editorial Plenitud, Madrid, 1962, XXIV, p. 794.

19. José Luis Aranguren, *Moral de la vida cotidiana, personal y religiosa*, *Obras Completas*, Trotta, Madrid, 1958, 2, pp. 698-700.